Anonymous

Alixandre dou Ponts Roman de Mahomet

Ein altfranzösisches Gedicht des XIII. Jahrhunderts

Anonymous

Alixandre dou Ponts Roman de Mahomet
Ein altfranzösisches Gedicht des XIII. Jahrhunderts

ISBN/EAN: 9783743622340

Hergestellt in Europa, USA, Kanada, Australien, Japan

Cover: Foto ©ninafisch / pixelio.de

Weitere Bücher finden Sie auf **www.hansebooks.com**

Alixandre dou Pont's

Roman de Mahomet.

Ein altfranzösisches Gedicht

des XIII. Jahrhunderts

neu herausgegeben

von

Bolesław Ziołecki.

Oppeln.

Verlag von Eugen Franck's Buchhandlung (Georg Maske).

1887.

Meinen Schwiegereltern

in Liebe und Dankbarkeit

gewidmet.

Vorwort.

Den *Roman de Mahomet* hat Francisque Michel
nach der einzigen Handschrift (No. 7595 anc.) 1553
der Nationalbibliothek zu Paris ebendaselbst 1831
bei Silvestre veröffentlicht. Diese, in nur 200 Exem-
plaren erschienene Ausgabe ist im Buchhandel längst
vergriffen, und es liegt daher das Bedürfnis einer neuen
Edition vor.

Eine kritische Ausgabe mit uniformierter Sprache
blieb unter den obwaltenden Umständen besser unver-
sucht; die Restitution des Dialektes des Dichters
unter Benutzung von gleichzeitigen Urkunden (von
Laon) ist zwar nicht unmöglich, jedoch zur Zeit des-
halb unthunlich, einmal weil es an genügendem Ver-
gleichungsmaterial noch fehlt, sodann weil die einzige
überlieferte Handschrift eine gar zu unsichere Unter-
lage für eine konsequente Transskription bietet. Es
schien daher dem Herausgeber vorteilhafter, nach
dem in gleichen Fällen gegenwärtig üblichen Brauch

sich auf eine getreue Textausgabe oder vielmehr die Revision des Michel'schen Textes zu beschränken. Die Kollation desselben mit der Handschrift hat ergeben, dass der erste Herausgeber, abgesehen von Änderungen in der Schreibweise — Majuskel statt Minuskel zu Anfang jeden Verses, Accente, Trema, Bindestrich, Cedille und Interpunktion, durch welche er dem altfranzösischen Gedichte einen modernen Anstrich gegeben — den Text im allgemeinen korrekt wiedergegeben hat. Dass Michel trotz der Erwähnung der lateinischen Vorlage des *Roman de Mahomet* im Avertissement p. XI und trotz wiederholten Hinweises des altfranzösischen Dichters auf dieselbe v. 23, 1159, 1161, diese bei der Emendation des stellenweise verdorbenen Textes heranzuziehen, oder unklare, unverständliche Stellen durch die lateinische Vorlage zu beleuchten unterlassen hat, ist durch die weit spätere Veröffentlichung derselben (1847) zu erklären und zu entschuldigen. Das Versäumte ist in vorliegender Ausgabe nachgeholt worden. Einen Vers (und zwar 823 nach meiner Ausgabe) hat Michel ausgelassen, Seite 32 seiner Ausgabe dagegen einen Vers zuviel gezählt, so dass beide Ausgaben in der Anzahl der Verse (1997) demnach äusserlich übereinstimmen. In der That hat die

Michel'sche Ausgabe nur 1996 Verse. Die neue Ausgabe hat von der ersteren nur die Majuskeln (zu Anfang des Verses und bei Eigennamen), sowie teilweise auch die Interpunktion beibehalten. Die weiteren Abweichungen von Michel sind an den betreffenden Stellen des Textes angegeben und in den Anmerkungen des Näheren besprochen. In betreff der sprachlichen Eigentümlichkeiten, die der erste Herausgeber zu untersuchen, und des Quellennachweises, den er zu führen unterlassen hat, verweise ich auf die sprachliche Untersuchung von Richard Peters (Erlanger Dissertation, Druck von C. F. Hertel, Gandersheim 1885) und meine Besprechung derselben (Greifswald, Abel, 1886), in welcher auch in Kürze die Resultate des Quellennachweises zusammengefasst sind.[1])

Eine weitere und genauere Beschäftigung mit den Quellen und der einschlägigen (Mahomet-)Litteratur führte schliesslich zum Studium der verschiedenen Bearbeitungen und Fassungen der Mahomet-Legenden. Das Resultat dieser Studie: „Beiträge zur Mahomet-

---

[1]) Ein dem meinen analoges Urteil über die Peters'-sche Untersuchung wurde in der Romania XV, 159 f. (von G. Paris) gefällt. Die sehr lobende anonyme Besprechung der Peters'schen Arbeit im Herrig'schen Archiv LXXVII, 214 beweist nur, dass der Rezensent die zu ihrer Beurteilung nötigen Vorkenntnisse nicht besass.

Legende im Mittelalter", geht dem Texte als Einleitung voran; demselben folgen Anmerkungen und
ein Verzeichnis der Eigennamen.

Bei der Veranstaltung dieser Ausgabe ist der
Herausgeber von den Herren Privatdozent Dr Behrens
und Dr Fricke, von denen Letzterer den Michel'schen
Text mit der Handschrift kollationierte, Ersterer die
Kollation veranlasst hat, und den Herren Proff.
Dr Koschwitz, welcher die Korrektur mit gelesen
und einige Anmerkungen beigesteuert hat, und
Dr Kessler[1]) auf das Liebenswürdigste unterstützt
worden, wofür hiermit der wärmste Dank aus-
gesprochen wird.

Breslau, im Dezbr. 1886.

B. Z.

---

[1]) Prof. Kessler hat Anmerkungen zu Seite XVII,
XIX, XXXVII, XLI der Beiträge geliefert.

Einleitung.

1. Beschreibung, Alter und Entstehungsort der Handschrift.

Die Handschrift, welche den *Roman de Mahomet* nebst anderen Romanen und altfranzösischen Gedichten enthält, ist ein Gross Oktav- oder Lexikonband mit starkem (späteren) Pappeinband. Die Pappdeckel sind mit braunem, der Rücken mit rotem Leder überzogen, welch letzterer unter Goldverzierungen die Aufschrift *Roman de Troie Et Autres* und die neue Katalognummer 1553 (selbstverständlich neuerdings besorgt) trägt.

Über seinen Inhalt vergl. Catalogue des Manuscrits français, Tome premier (anc. fonds), 1868.

De Mahommet

beginnt fol. CCCLXVII (367) verso. Bei Vers 1—24 (vergl. das Facsimile bei Fr. Michel) sind alle ersten Buchstaben der Zeile herausgerückt. Jeder Absatz beginnt mit einer gemalten Initiale.

Die Züge der Schrift sind deutlich und mit Sicherheit zu lesen.

Die Abkürzungen unserer Hds. sind die gewöhnlichen. Wir heben nur diejenigen hervor, bei denen über die Art der Auflösung Zweifel entstehen können oder wo wir von dem früheren Hg. abgewichen sind.

Der wagerechte Strich über dem Vokal wurde der Regel nach durch *n* aufgelöst: *non* 27, *on* 731, *Mahons* 360, 394, 403, 407 etc., *vient* 1009 etc. Dagegen schrieben wir *hom* 714, 1289, das so ausgeschrieben erscheint z. B. 94, 105, 734, 766, 1002, 1692. Ebenso *Mahom* 435, 1319, nach Analogie zu den mit *m* ausgeschriebenen Stellen: 9, 151, 354, 493, 608, 614, 748, 753, 799, 836, 843, 1144, 1242, 1287 etc.

Mahon findet sich ausgeschrieben nur 1257 und 1993 und zwar im Rcime zu *baron* und *Loon*.

Folgte auf überstrichenen Vokal ein *m*, so wurde ein *m* eingesetzt: *homme* 432, 465, 477, *femme* 521, 1815 u. s. w.

9 = *con* oder *com* wurde als *c'on* aufgelöst 390, 910, 946, 1419, 1613; für die Konjunktion schrieben wir *com* 362, 366, 865, 1469, 1515 etc., wie es ausgeschrieben wird: 195, 690, 846, 1423, 1472, *con* findet sich ausgeschrieben 146, 196, 288, 630, 1691, 1765.

Innerhalb von mit der Präposition (lat. cum) zusammengesetzten Worten wurde *con* aufgelöst, *com* nur bei folgendem *m* und *p*: *commenche* 679, *comment* 680, *commencha* 947, *commanda* 896, 956, *comme* 903, *compaignon* 938, *compaignie* 671. In allen übrigen Fällen: *con*: *contre* 925, 928, *confortement* 798, *convenist* 622, 784, *conquerre* 958 u. s. w.

Auch diese Auflösungen erfolgten im Anschluss an die ausgeschriebenen Formen.

p wurde als *per* aufgelöst: *pertris* 778, *perdre* 883, *perdue* 800 etc., als *par* nur in der Präposition und in *parole* 672, 806 etc. Ausgeschriebenes *parole* findet sich z. B. 413.

Das dem Apostroph ähnliche Zeichen ' wurde der Regel nach als *er* aufgelöst: *terre* 483, 1203, 1667, 1875 im Reime mit abgekürztem *guerre* *(g're)*, 1531 im Reime mit ausgeschriebenem *guerre* (ausgeschriebenes *terre* 1612 im Reime mit abgekürztem *guerre)*; *merveille* 1019, 1268, 1514; *esmerveille* 1513, *esmerveillent* 1308; *mervillier* 1633; *soufferra* 1955; *descouvers* 689 (im Reime zu ausgeschriebenem *cuivers)* u. s. w. *ier* wurde konsequent aufgelöst in *mangier* 116, *chevalier* 566, 677, 1245, 1248, nach massgebenden Reimen wie zu ausgeschriebenem *millier* 1672, *abaissier* 545, und in *ynfier* 1885, nach dem Muster von ausgeschriebenem *infier* 320, 962, *ynfier* 933.

Die Abkürzung für lateinisches *pro* wurde durch *pour* aufgelöst: *pour* 921 etc.; nach ausgeschriebenem *pour* 289, 290, 294, 930 etc., *pourfita* 927, *pourfitable* 487, 665.

ml't wurde *molt* aufgelöst, wie es vom Kopisten geschrieben wird 741, 785, 787, 822, 854 etc.

moult findet sich ausgeschrieben nur 587.

Das wenig gebrauchte Zeichen 9 wurde mit *us* aufgelöst in *nus (= nuls)* 1210, 1223, ausgeschrieben im Reime mit *venus* 1221; mit *ous* aufgelöst in *nous* 1484 etc., das übrigens fast durchweg ausgeschrieben ist *(nos* nur 1483), und in *vous* 620, 626, 716, 750, 841, 854, 1040 etc., nach ausgeschriebenem *vous* 622, 841.

Das Zeichen · endlich = *re*, wurde stets mit *re* aufgelöst, z. B. *trestuit* 646, mit *rie* nur in *pries* 944, 1327, 1418, *apries* 559, 638, 943, 959, 1292, 1303, 1328 etc., und auch *cypries* 1326, nach Massgabe der ausgeschriebenen Form *apries* 14, 935, 1240, 1280, 1489, 1622 etc.

Die römischen Ziffern der Hds. wurden, bis auf

.cc. in V. 1997, von uns nach Massgabe der ausgeschriebenen Formen aufgelöst.

Was die Orthographie einzelner Buchstaben betrifft, so hat die Hds. für einige derselben wie: *g*, *r*, *s* doppelte Zeichen.

g wechselt mit *σ*, *s* mit *ſ*, *r* mit *2* —; *u* und *v* werden natürlich nicht unterschieden, wenigstens nicht im Innern der Worte.

Über Alter und Entstehungsort unseres Sprachdenkmals giebt das Gedicht selbst in den fünf letzten Versen

> „*Chi faut li romans de Mahon*
> *Qui fu fais el mont de Loon*
> *En l'an de l'incarnation*
> *De nostre signor Jesucrist*
> *Mil et CC cinkante et wit*"

Auskunft. Ausserdem weisen einige Stellen des Gedichtes, namentlich aber die Vers 45 genannten Ortschaften (s. Verzeichnis der Eigennamen und Anmerkung zu Vers 45) Montagut und Savoir auf Laon als die nächstliegende Stadt hin. Demjenigen, was über Alter und Entstehungsart in der Besprechung der Peters'schen Untersuchung p. 20, 21 gesagt worden ist, haben wir nichts Neues hinzuzufügen.

Was nun die Mundart betrifft, so erhellt aus der a. a. O. gelieferten Zusammenstellung dessen, was sich in unserem Gedichte durch Silbenzahl und Reim für den Sprachgebrauch des Originals erweisen liess, zur Genüge, dass wir es mit einem nordostfranzösischen, am wahrscheinlichsten mit einem pikardischen Denkmal, das aber auch mit der Mundart von Isle de France verwandte Züge trägt, zu thun haben. Die a. a. O. p. 21, 22 zum Vergleich mit dem *Roman de Mahomet* herangezogene Urkunde von

Laon aus dem Jahre 1248 war zu kurz, als dass
man auf die beiden Denkmalen gemeinschaftlichen
sprachlichen Eigentümlichkeiten einen strikten Iden-
titätsbeweis hinsichtlich der Mundart gründen und
demnach ein abschliessendes Urteil geben könnte.

Dass der Schreiber auch Pikarde war, unterliegt
kaum einem Zweifel, doch hat er höchst wahrscheinlich in der gewöhnlichen Weise nicht nur an der
dialektischen Orthographie des Gedichtes geändert,
sondern auch Formen in dasselbe eingeführt, die
mindestens auf das Ende des XIII. Jahrhunderts
weisen. Vgl. das gleichlautende Urteil von G. Paris,
Romania XV, 159.

2. Beiträge zur Mahomet-Legende im Mittelalter.

Wie im Heimatlande des arabischen Propheten so sind auch im Abendlande frühzeitig Legenden über Mahomet entstanden.

Es wird sich kaum genau chronologisch feststellen lassen, wann die abendländische Christenheit die erste Kunde von Mahomet erhielt und sich des weiteren mit ihm zu beschäftigen d. h. über ihn zu schreiben begann. Wahrscheinlich ist es erst nach dem Jahre 711 geschehen, als nach der Eroberung Südspaniens durch die Araber die abendländischen Christen in nähere Berührung mit den Bekennern des Islams getreten waren. Der Feldzug Karl's des Grossen in Spanien und die durch denselben verursachten Notizen der Chroniken und Volksepen trugen natürlich das Ihre zur Verbreitung der Kunde über Mahomet und die Bekenner des Islams bei. So erwähnen schon die alten Chansons de geste[1] Mahomet. Sie kennen ihn aber nur als eine heidnische Gottheit, deren Standbild die Sarazenen von Spanien neben Apollo und Tervagan anbeten.

---

[1] Cfr. das Rolandslied, herausgegeben von Gautier, Tours 1875, Anmerkung zu Vers 8, namentlich aber v. 2590 ff., und Auberi in Tobler's Mitt. I, p. 137 Z. 14, 19, p. 140 Z. 23, p. 142 Z. 5.

Bezeichnend ist die Stelle im Rolandslied:

v. 2590   *Et Mahummet enz en un fosset butent*
          E porc et chien le mordent et defulent

wo Mahomet's Standbild, wie dasjenige Apollo's und
Tervagan's, nach verlorener Schlacht, da sich ihre
Hilfe unwirksam gezeigt, zertrümmert wird. Mahomet
wird in den Graben geworfen, von Hunden und
Schweinen zerfetzt und niedergetreten. Die Verfasser
der Chansons de geste und mit ihnen grössere Schich-
ten der abendländischen Bevölkerung, die ihre Lieder
lasen oder kannten, scheinen mithin von einem Mahomet als Begründer einer neuen Religion nichts
gewusst zu haben.

Kapitel IV der Chronik Turpin's[1]) handelt vom
„Idol" des Mahomet, theilt also noch die Auffassung
der Chansons de geste über Mahomet, insofern sie
dessen „Idol" durch die Sarazenen anbeten lässt,
kennzeichnet ihn aber als einen aussergewöhnlichen
Menschen, einen Zauberer, der in jenes Idol eine
Legion von Teufeln eingeschlossen und es unzerstör-
bar gemacht habe.

Die Legende, welche uns Mahomet zuerst als
heidnische Gottheit, gleich dem Apollo und Tervagan
vorführt, entkleidet ihn bald dieser Eigenschaft, um
ihn als einen Zauberer, überhaupt als eine fabelhafte,
mit den schlechtesten Eigenschaften ausgestattete
Persönlichkeit darzustellen. Dies geschieht vornehmlich in den frühzeitigen poetischen Bearbeitungen der
Mahometsage.

Die erste bedeutendere poetische Bearbeitung

---

[1]) Herausgegeben von Sebastiano Ciampi, Florenz
1822, und unter dem Titel Turpini Historia Caroli Magni
et Rotholandi von F. Castets, Montpellier 1880.

ist ohne Zweifel die *Historia de Muhamete*,[1]) herausgegeben von D. Beaugendre, Paris, Laurent le Conte 1708, in Folio (p. 1277 ff.) in der Gesamtausgabe der Hildebert'schen Werke, und von Migne 1854 ebenfalls in Paris im Cursus Patrologiæ, Ser. II, Bd. CLXXI. Der wahrscheinliche Verfasser dieser Dichtung, Hildebert, sagt sich in derselben von den geschichtlichen Thatsachen los und lässt den Magus Mahomet zur Zeit des Kaisers Theodosius und des hlg. Ambrosius aus Jerusalem nach Libyen kommen, versetzt ihn mithin

---

[1]) Besprochen wurde das aus 16 Gesängen und 842 elegischen Versen bestehende Gedicht von Ampère in der Hist. littér. de la France sous Charlemagne, Paris, Leipzig 1840, p. 409 ff. und im Band XI, 380 ff. der Hist. littér. de la France, wo das Gedicht ein *„tissu de fables ridicules et d'anachronismes grossiers“* genannt wird. Über die Entstehungszeit desselben bestehen noch Meinungs-Differenzen. Das von Francisque Michel (im Avertissement des *Roman de Mahomet)* angegebene Jahr 1100 ist zu spät, die Zeit um 1058 nach den Angaben der Histoire littér. de la France XIII, 448 ff. zu früh. Recht wird wohl der erste Herausgeber Beaugendre haben, wenn er das Gedicht für ein Erzeugnis der Schuljahre Hildebert's ansieht. Da Hildebert um 1057 geboren, spätestens 1082 zum Priester ausgeweiht wurde, worauf er bis 1092 das Amt eines Præfectus scholarum cenomanensium bekleidete, so kann das Gedicht wohl nur zwischen 1070 und 1090 entstanden sein. Der zweite Herausgeber Migne bezeichnet die Hds., nach welcher er die Hist. de Mahumete hat drucken lassen, als einen *codex annorum circiter 500*. Vgl. meine Besprechung der sprachlichen Untersuchung von Peters, Greifswald 1886, p. 6. Aus dem Umstande aber, dass Vincenz von Beauvais im Spec. hist. XXVI, 108 bei der Besprechung und Aufzählung der Hildebert'schen Werke von dem Gedichte nichts zu berichten weiss, wird man wohl schliessen dürfen, dass dasselbe im XIII. Jahrhundert noch unbekannt gewesen, mithin auch auf ähnliche litterarische Erzeugnisse des XII. und XIII. Jahrhunderts keinen Einfluss geübt haben kann.

in das Ende des IV. Jahrh. Um diese Zeit lebte nach
Hildebert der eben genannte Magus [1]) in Jerusalem
und musste wegen seiner Treulosigkeit sein Amt nieder-
legen und fliehen (Cantus I.) Der Beherrscher Libyens
(Præfectus auch Konsul genannt) hatte einen Diener,
Namens Mamutius. [2]) Diesen wählt sich Mahomet zum
Werkzeug seines Betruges, indem er ihn, durch Ver-
sprechung, ihn dereinst zum Herrscher Libyens zu
machen, verleitet, seinen Herrn umzubringen. Der
Præfectus stirbt gewaltsamen Todes; die Witwe ent-
brennt, durch des Zauberers Kunst, in grosser Leiden-
schaft zum Diener, macht ihn frei und heirathet ihn.
(C. II.) Der Magus verhilft dem Mamutius zur Kö-
nigswürde, indem er mit seiner Zustimmung in einer
unterirdischen Höhle ein Kalb aufzieht, aus dem ein
riesenstarker, wutschnaubender Stier wird. (C. III.)
Da nach dem Ableben des Præfectus, dem vom Verfasser
in C. IV. ein äusserst lobender Nachruf gewidmet
ist, Streitigkeiten zwischen den Grossen des Landes
um den erledigten Thron entstehen, so schlägt Ma-

---

[1]) Der Magus „Mahomet" bei Hildebert ist ein Zug
des Hineinspielens der auch im frühen Mittelalter noch
weit verbreiteten Sage vom Simon Magus in den Actis
Apost. VIII, 9 ff., der als der Urvater aller Ketzer von
den Kirchenvätern betrachtet wird und so an jeden einzelnen Häretiker Züge abgiebt. Er ist bei den Kirchen-
schriftstellern der Magus schlechthin. Ohne allen Zweifel
spielt er auch in die Mahometsage hinein; der Magus
lebt nach Hildebert ursprünglich in Jerusalem — nach
der Kirchengeschichte lebt er in der That in Palästina
nur eher in Samarien, und kommt dann später nach Rom
(in unserem Gedichte nach Libyen zum Præfectus).
    [2]) Übrigens scheint Mamutius derselbe Name zu sein,
wie „Mahumet" selbst (letzteres in arabischer Genusform
Muhammad). Eigentlich sieht Mamutius aus wie das
arabisch-türkische Mahmûd, das mit Muhammad nur
stammesverwaudt ist.

Ziolecki, Roman de Mahomet.   **

mutius vor, zur Beilegung derselben den Magus her-
beizuholen. Von einer Deputation der Edlen des
Landes eingeholt, weigert er sich in erheuchelter
Demut, ein Pferd zu besteigen; auf einem Esel rei-
tend, führt er den oben erwähnten jungen Stier her-
bei (C. V.) und verkündigt, dass derjenige des Thrones
würdig sei, welcher den Stier bändigen werde (C. VI.).
Allgemeine Zustimmung der Anwesenden (C. VII.).
Ein muthiger, ehrgeiziger Jüngling unternimmt das
Wagnis, endet aber schmählich unter den Hörnern
und Hufen des Tieres. Der so freigelassene Stier
verbreitet Tod und Verderben im Lande, bis es Mamutius gelingt, ihn zu bändigen. An seinen Hörnern
findet man einen Vers des Inhalts:

Hunc Deus elegit, cui me servire coegit
Sic ego missus ei, sum pietate Dei. Cantus VIII.

Mamutius wird Beherrscher Libyens (C. VIII). Durch
ihn, sein willenloses Werkzeug, führt nun der Magus
seinen Hauptzweck, die Einführung der neuen Religion durch, welche nach des Verfassers Andeutungen
in einer vollständigen Unzucht besteht[1]) (C. IX). Gott
straft Mamutius für seine Verbrechen mit der Epilepsie, die jedoch von diesem auf Zureden des Magus
dem betrübten Volke als eine Verzückung oder Ent-
rückung in den Himmel ausgegeben wird (C. X, XI).
Als eine Neuerung in der Religion gilt die von Mamutius auf Mahomet's Veranlassung eingeführte Ab-
waschung (4mal am Tage) mit geweihtem Wasser,
welche die Heiligung des Menschen d. h. den Erlass
der Sünde bewirken soll (C. XII). Der Verfasser
verwünscht hierauf die beiden Missethäter und

---

[1]) *Incestat matrem sua proles, filia patrem:*
Sic quidquid libuit lege nova licuit. v. 780, 1.

schwört auf sie göttlichen Zorn und Strafe herab
(C. XIII). Indem Mamutius über die weiteren, noch
zu erlassenden Gebote der Religion nachdenkt, wird
er zum 2. Male von der Epilepsie befallen, diesmal
aber mit tötlichem Ausgang. Der Tod wird be-
schleunigt durch eine Herde von Schweinen, welche
sich auf ihn stürzt und ihn zerfleischt (C. XIV).
Der Magus, den König suchend, findet ihn tot und
von den Schweinen arg misshandelt vor. Diese weichen
auf des Ersteren Geheiss, der nun den Körper des
Mamutius einbalsamiert und, vor dem versammelten Volke
den Tod des Königs beklagend, vor dem Genuss des
Schweinefleisches[1]) warnt (C. XV). In einem eigens
dazu erbauten und mit besonderer Pracht ausgestat-
tetem Tempel wird des Königs Leiche beigesetzt und
nach dessen Tode auch Mahomet, dessen Sarg durch
die Kraft eines Magneten schwebend[2]) erhalten wird.
(C. XVI).

Welche damals bekannten Sagen über Mahomet
Hildebert in sein Gedicht aufgenommen, und was er
selbst hinzugedichtet, lässt sich eher vermuten, als
genau feststellen. Die Witwe, die Epilepsie scheinen
darauf hinzudeuten, dass dem Verfasser die geschichtlichen Thatsachen aus dem Leben des arabischen
Propheten nicht ganz unbekannt waren. Die Sage
von dem in der Luft schwebenden Sarge oder wenigstens Fabeln vom Magneten waren schon vor Hilde-

---

[1]) *Ex quo gens illa, contempta carne suilla*
Pollutum credit, de sue quisquis edit.
Cantus XV am Ende.
[2]) Das Schweben in der Luft kommt bei Simon
Magus auch vor, ebenso auch in der Sage vom Manes,
dem Stifter der schlimmsten aller Ketzersekten, nämlich
der Manichäer.

**

bert allgemein bekannt[1]) und den Schweinen begegnen
wir zum ersten Male im Rolandsliede. Dagegen
scheint die Episode mit dem jungen Stier eine Er-
findung des Dichters zu sein. Die dämonische, ma-
gische Kraft Mahomet's ist bereits im Pseudo-Turpin
angedeutet. Jedenfalls ist die Hildebert'sche Historia
de Mahumete als eine Tendenzschrift zu bezeichnen,
welche darauf hinausging, die neue Lehre als eine
völlige Unzucht — d. h. Auflösung aller heiligen
Bande[2]) — und deren Stifter als ausschweifende
Wüstlinge darzustellen. Bestärkt wird diese Annahme
durch die Begeisterung und den Fanatismus, welcher
die abendländischen Geistlichen am Vorabende der
Kreuzzüge beseelte und der vornehmlich in derartigen
Gedichten gegen die Ungläubigen seinen Ausdruck
fand. Der Verfasser beklagt in Cantus IV den Ver-
lust der Abendländer, namentlich Libyens, für die
römische Kirche; die Hauptschuld aber dem Magus
aus Jerusalem zuschreibend, erweckt er Hass und
Verachtung gegen die Urheber des Schisma.

In welchem Zusammenhange das Hildebert'sche
Gedicht mit den folgenden Bearbeitungen der Mahometsage, namentlich aber mit dem Roman de Mahomet
steht, wird des Näheren erörtert werden.

Das nächste lateinische Gedicht, welches über
Mahomet handelt, stammt aus der Mitte des XII. Jahrhunderts[3]). Der Verfasser, ein Mönch, nennt sich zu

---

[1]) Plinius libr. XXXIV, cap. 14 bei Ausonius und
sonst häufig (vgl. Bayle, Dict. p. 40); cfr. p. XVII, Anm. 2.

[2]) cfr. oben p. XVIII, Anm.

[3]) cfr. Du Méril, Poésies populaires latines du moyen-
âge, Paris 1847, p. 377 und Hist. littér. de la France,
Bd. XII, 491 (a. 1830), wo einige das Leben des Dichters
betreffende Notizen zu finden sind. Das lateinische Gedicht,
damals noch unbekannt, bleibt unberücksichtigt.

Anfang desselben kurzweg „Walterius", seinen vor-
gesetzten Abt, welcher das von einem zum Christentum bekehrten Muselmann Vernommene als Stoff zum
Gedichte geboten, Warnerius. Auf die Versicherung
des Verfassers V. 5 u. 6:

Nam si vera mihi dixit Warnerius abbas,
me quoque vera loqui de Mahumete puta.

ist kein besonderes Gewicht zu legen.[1]) Der Vergleich des Walter'schen Gedichtes mit dem Hildebert'-
schen weist bei einigen Übereinstimmungen, welche
bei Behandlung desselben Gegenstandes, unter demselben Gesichtspunkte fast unvermeidlich erscheinen,
so viel Grundverschiedenes auf, dass man letzteres
als von dem ersteren vollständig unabhängig wird
bezeichnen müssen, selbst wenn die p. XVI reprodu-
zierten Angaben Migne's unglaubwürdig erscheinen
sollten.

 Die oben zitierten Mahomet-Fabeln finden wir
im Walter'schen Gedichte wieder, doch mit Ausnahme der Epilepsie und des schwebenden Sarges
in veränderter Fassung. An Stelle des wutschnauben-
den Stieres (s. Hild. C. V, VI, VII), der durch seine
Verwüstung an den Minotaurus der griechischen
Heldensage erinnert, haben wir es bei Walter mit
einem weissen, lammfrommen, mit Brod und Wein
genährten, dressierten Kalbe zu thun, das im ent-
scheidenden Augenblicke auf die Stimme des laut-
betenden Pflegers herbeieilend, an seiner Stirn Gebote
Mahomet's trägt, wodurch das um denselben zahlreich
versammelte Volk für seine neue Lehre gewonnen
wird. Da jedoch noch viele seine göttliche Sendung
anzweifelten, fleht Mahomet wiederholt zu Gott, seine

---

[1]) Hist. littér. de la France, Bd. XXII, p. 448.

Offenbarungen durch ein neues Wunder zu bestätigen.
Dieses geschieht in der Weise, dass Mahomet, nach
längerem Suchen, einen Ort findet, aus dem, nach
Entfernung des Rasens Milch und Honig fliessen. Der
Held des Walter'schen Gedichtes ist auch keine rein
fabelhafte Gestalt, wie das bei Hildebert noch der
Fall war, sondern eine mehr oder weniger geschicht-
liche Persönlichkeit, deren Lebensschicksale, neben
Gründung der neuen Sekte, den Inhalt des Gedichtes
ausmachen.

Mahomet, Diener und Sklave eines reichen
Kaufmannes, bewirbt sich nach dem Tode des letzteren um die Witwe. Diese zögert, wird aber
durch List gewonnen. Schon während der Hochzeits-
feier wird Mahomet von der Epilepsie befallen, die
seine Frau derart erschreckt, dass sie ihn verlassen
will; es gelingt ihm aber, die Epilepsie als eine Offenbarung Gottes darzustellen und somit die Gunst
seiner Frau wieder zu gewinnen.

Die von Mahomet gegründete Religion ist nach
dem Verfasser weiter nichts als eine, durch die Mo-
difikation der christlichen Lehre, eingeleitete Rück-
kehr zum Juden- oder Heidentum. Sie besteht in
der Abschaffung der Taufe und der christlichen Ehe,
an deren Stelle die Beschneidung und Vielweiberei,
ja sogar die Vielmännerei eingeführt werden[1]). Bei

---

[1]) *Quod sacramentum cesset baptismatis, et quod*
  circumcidendi mos iterum redeat;
  Quod licite denas uxores ducere possit
  unus, et una decem possit habere viros.
                              (Du Méril, p. 404.)
An der Walter'schen Auffassung, dass die Araber
vor und zu Mohamet's Zeiten Christen gewesen, hält
auch noch Dupont, der Übersetzer Walter's, fest. cfr. Hist.
littér. de la France XXIII, 442.

Hildebert liegt Mahomet's Stärke in seiner Zauber-
kraft, im Walter'schen Gedicht ist er vielmehr ein
Betrüger, Lehrer der Unzucht *(immunditiæ totius
amator mæchiam docuit* v. 1056), ein Gefäss der Un-
lauterkeit *(vas immunditiæ* v. 50), ein Besessener
(possessio dæmonis v. 49). Auch Walter's Gedicht
ist eine Tendenzschrift und dürfte mit den Schmäh-
schriften jener Zeit, den sogenannten Libellis[1]) in
gewissem, wenn auch nur sehr losem Zusammenhange
stehen.

Das Gedicht Walter's diente Alexandre du Pont
als Vorlage zu dem von uns herausgegebenen Roman de
Mahomet. Inwieweit du Pont seiner Vorlage gefolgt, in
welcher Weise er dieselbe umgearbeitet, ist in meiner Besprechung der Peters'schen sprachlichen Untersuchung
des Roman de Mahomet (Greifswald, Abel 1886) des
Näheren erörtert worden. Die Änderungen bestehen
nicht nur in der freien Übertragung des lateinischen
Gedichtes in's Französische, Einfügung neuer Episoden[2]) — Bibelstellen etc., sondern vornehmlich in
dem neuen Kolorit, das der Verfasser seinem Werke
verliehen. Die beiden lateinischen Gedichte, von
Geistlichen verfasst, geben die Auffassung der Geist-
lichkeit jener Zeit über Mahomet wieder, du Pont,
über dessen Leben nur weniges bekannt ist,[3]) hat

---

[1]) Siehe unten die Prosabearbeitungen der Mahomet-
sagen, namentlich Specul. hist. des Vinc. von Beauvais
Lib. XXIV, cap. 39, 40 (XXIII der Ausgabe von Douai, die
ich zitiere).

[2]) Neu sind die Episoden vom Ritter und Knappen,
s. R. de M., v. 227—285 und die Sage von den drei am
Sarge Mahomet's brennenden Kerzen s. ebend. v. 1916
bis 1951.

[3]) S. Chevalier, Repertoire des sources historiques
au moyen-âge. Paris (1878—1886). Histoire littér. de la

seinem Gedichte ein vollständig weltliches Gepräge
gegeben, es zu einem Roman umgestaltet, dessen
Held[1]) als Lehnsherr *(lige et souverain)* dargestellt
wird, um den sich zahlreiche Vasallen gruppieren.
Seine Hochzeit wird mit ritterlichem Glanze gefeiert,
bei der Jongleurs auftreten und recht viel Wein ge-
trunken wird.

Man muss zugestehen, dass die Mahometsage
von den Chansons de geste bis zu du Pont ver-
schiedene Phasen durchgemacht; der kühnste Schritt
aber, den die Legende in dieser Beziehung gethan,
ist wohl die Verwandlung Mahomet's in einen römischen Kardinal, der als Papst-Kandidat durchgefallen,
aus Rache eine neue Sekte stiftet, wodurch es ihm
gelingt, der römischen Kirche ganze Länder abwen-
dig zu machen. Diese Fassung der Mahometsage
ist entlehnt dem Roman de Renart le Contrefait,
einem Gedichte aus der ersten Hälfte des XIV Jahrh.,
welches, dem grossen Cyclus der Fuchsdichtungen an-
gehörend, meines Wissens bisher nur in Bruchstücken
veröffentlicht worden ist und nach der Aussage F.
Wolf's in dem Sitzungsbericht der Wiener Akademie
der Wissenschaften hist. philos. Klasse vom 20. März
1861, nicht verdient, vollständig herausgegeben zu
werden.[2]) Unter den von F. W. p. 1 a. a. O. be-

France XXIII, 442—449, und Journal des Savants vom
Jahre 1831, Septemberheft p. 513 ff. geben eine Analyse
des R. de M. mit Proben.

[1]) Dupont macht seinen Helden zum Feigling, indem
er ihn im Augenblicke der Gefahr letztere meiden lässt.
s. R. d. M. v. 1723—1782 und Hist. litt. XXIII, 442 ff.:
„*Après avoir fait de Mahomet un grossier escamoteur qui
abuse une foule imbécile il ne reste plus qu'à en faire un
lâche.*"

[2]) S. l. c. p. 16.

zeichneten Beschreibungen und Auszügen ist wohl
die von Robert in seinem Essai sur les fabulistes
qui ont précédé Lafontaine, Paris 1825, gegebene
Analyse mit Proben die einzige Publikation, welche
diese Mahomet-Fabel bringt. Wolf, welcher das
Wiener Manuscript 2562 mit der Pariser Handschrift vergleicht, sagt p. 12: „S. 369 Sp. 2 bis
S. 371 Sp. 1 (des Wiener Manuscripts) findet sich
die Sage von Mahomet ganz so, wie sie Robert
(p. CXLV) im Auszuge aus der Pariser Handschrift A
gegeben hat, aber hier in Prosa, wie alles Übrige
bis ans Ende. Nach Robert heisst es von Mahomet:
„*C'était un cardinal fort instruit et doué surtout du
don de prédication; tout le sacré collége le pressoit
d'aller dans l'Orient convertir les Sarazins; il refu-
soit opiniâtrement. Pour le décider à accepter cette
mission, on lui promit de le créer pape à la mort
de celui qui occupoit le trône pontifical. Il céda
alors et ne partit qu'à cette condition. Il possédoit
tellement l'art de persuader, que les Sarazins arri-
vèrent en foule pour l'entendre et ne tardèrent pas
à embrasser la religion chrétienne; mais le souverain
pontif venant à mourir les cardinaux ne se souvin-
rent plus de leurs promesses; un d'entre eux fut
nommé à cette dignité promise à Mahomet et celui-ci
indigné par leur manque de parole détourna les peu-
ples qu'il avoit convertis de la route, qu'il leur avoit
montrée, et les engagea dans les erreurs les plus
graves.*[1])

---

[1]) Le Roux de Lincy, welcher in seinem Livre des
Légendes 1836, p. 50 dieselbe Stelle aus Robert's Essai
sur les fabulistes abdruckt, bringt nichts Neues über
Mahomet. Die Papstfabel im Renard le Contrf. erinnert
indes einigermassen an den Teufels-Papst in Hagen's Ge-

Ampère kennzeichnet in der Hist. litt. sous
Charlemagne, p. 409 ff. den Renard le Contrefait als
„un ouvrage d'inspiration plébéienne frondeuse où la
chevalerie et le clergé sont fort maltraités. Il fallait
avoir envie d'attaquer l'Eglise Romaine!
E. Du Méril a. a. O. p. 374 kennt ebenfalls
die Kardinalsfabel, die er in einer Anm. a. a. O., verleitet durch Benvenuto da Imola's Commentar zu
Dante und Noude's jugement de tout ce qui a esté
imprimé contre le cardinal Mazarin, p. 30, für bare
Münze zu halten scheint, was aus seinen Worten:
„Il faudra pareillement advouer que le faux prophète
Mahomet a esté cardinal, puisque Ben. da Im. le
dit expréssement" hervorgeht.

Reproduzieren wir aus Dante's Göttlicher Co-
mödie, Hölle, Gesang XXVIII v. 22 ff. die auf
Mahomet bezügliche Stelle und die ältesten Kommentare zu derselben, zu denen auch der Benev. da
Imola's gehört!

Già veggia, per mezzul o lulla,
Com' io vidi un, cosi non si pertugia,
Rotto dal mento insin dove si trulla:

---

samtabenteur, Stuttgart, Tübingen 1856, II, p. 549 ff.:
Der a. a. O. besungene anonyme Papst heisst in Döllinger's
Papstfabeln des M. A., München 1863, p. 155 ff. Silvester II.
(Gerbert), den die Römer als Deutschen wegen seiner aus-
gezeichneten Gelehrsamkeit hassten und, da sie nicht
begreifen konnten, dass er, ein Mann von ganz niederer
Herkunft, bloss durch die Überlegenheit seiner wissen-
schaftlichen Bildung zur Papstwürde sich empor-
geschwungen hatte, ihn als einen Verbündeten Satans
darstellten. Auch Mahomet wird in fast allen poetischen
und Prosabearbeitungen als solcher dargestellt, weil man
seine Erfolge nur unter der Mitwirkung eines so starken
Verbündeten verstehen konnte.

Tra le gambe pendevan le minugia;
La corata pareva, e il tristo sacco
Che merda fa di quel che si trangugia.
Mentre che tutto in lui veder m'attacco,
Guardommi, e con le man s'aperse il petto,
Dicendo: Or vedi come io mi dilacco:
Vedi come storpiato è Maometto,
Dinanzi a me sen' va piangendo Alì
Fesso nel volto dal mento al ciuffetto:
E tutti gli altri, che tu vedi qui,
Seminator di scandali e di scisma
Fur vivi; e però son fessi così.[1])

Dante kennzeichnet und brandmarkt Mahomet als einen

Seminator di scandalo e di scisma

ohne damit ausdrücklich gesagt zu haben, dass er Christ oder Geistlicher der römischen Kirche gewesen.

Dass Dante den geschichtlichen,[2]) nicht den fabelhaften Mahomet-Kardinal[3]) im Sinne hatte, geht wohl auch aus den Worten hervor, welche Mahomet a. a. O. im Inferno an Dante's Führer Virgil richtet:

or vedi come io mi dilacco
Denanzi a me sen' va piangendo Alì

Dass nun auch die Dante'sche Auffassung Mahomet's als eines Sektierers, der das einige Aufblühen des Christentums gestört habe, den Ergebnissen der

---

[1]) Nach der Ausgabe Di Pietro Fanfani's, Tomo I, Bologna 1866.

[2]) D. h. im Sinne des Mittelalters.

[3]) Der Renard le Contref. ist etwas jünger als die göttliche Komödie (1291—1320). (Der 2. Teil des R. l. C., zu dem auch die Kardinalssage gehört, wurde nach Robert's Einl., p. CXXVII ff. zwischen 1330—1350 verfasst).

neuesten geschichtlichen Forschungen nicht entspricht[1])
hängt zusammen mit den grundfalschen Ansichten des
M. A., nach welchen der Islam als eine Sekte, der
Koran als ein Gemisch jüdischer und christlich-hae-
retischer Lehren galt. Dante's Mahomet als Sektierer
finden wir bereits in Vincenz von Beauvais Spec.
hist. Lib. XXIII. c. 51 vorgezeichnet, dem am meisten
verbreiteten Werke des M. A., das auch Dante bekannt gewesen sein muss. — Einer der ältesten Dante-
Kommentare, die Chiose anonime[2]) (hrsg. von Selmi,
Torino 1865), bringen zu der oben zitierten Stelle
des Inferno. Cant. XXVIII. v. 22 ff. folgende sehr
interessante Erklärung: *Ali fu compagno di Malcometto, nato de le parti di Banbillonia; Malcometto
avia predicata la nostra fede e recato molta gente
a la nostra legge; poi per isdegno ch'ebbe col Papa
e col Collegio de' Cardinali, tornò, e repredicò il contrario, e molto iscandalo e scisma mise contro a nostra fede, come è detto per adietro. E fu cardinale
Malcometto, detto cardinale Nicola; ed è vero che'
l Papa in questo tempo morì, e elli mandò a cardinali
che lo facessono Papa lui, per lo gran bene ch'avia
fatto. I cardinali, vedendolo superbo, non lo fecero,
ond'elli come è detto, predicò il contrario ch'avia pre-
dicato, e feceli rinegare dicendo; che la nostra era
malo legge; e però mostra Dante ch'egli è fesso e
diviso.*

L'ottimo Commento (1333—4 verfasst) della Div.
Com., Pisa 1827, nennt Mahomet einen Schwarzkünstler,
Abtrünnigen, erzählt, dass er seine Krankheit als

---

[1]) Vgl. Ranke's Weltgeschichte, Weltherrschaft der
Araber; Bd. V, Teil 2, p. 95 ff.
[2]) Nach Gröber's Grundriss der Rom. Philol. 1886,
p. 8 nach oder noch vor Dante's Tod verfasst.

Engelserscheinung ausgegeben habe und bezeichnet
am Schluss die Kardinalsfabel, welche er fast in derselben Fassung wie die Chiose anonime reproduziert,
als unwahr.[1])
Commentato alla Div. Com. D'anonimo Fiorentimo
del secolo XIV. (hersg. von Fanfani, Bologna 1866),
I. 598 ff. bringt eine weitläufige Lebensgeschichte
Mahomet's, in welcher Golgare Sergio, gran cherico
in corte di Roma, und ein anonymer Jude, nach Ab-
schwörung ihrer Religion sich mit Mahomet verbinden,
um die falsche Lehre und das böse Gesetz des Koran
einzusetzen.[2]) Die Kardinalsfabel aber wird in diesem
Commento nicht erwähnt, ebensowenig in den Chiose
sopra Dante, Firenze 1846, p. 227. Benvenuto da
Imola's Commento a. d. XIV. Jahrh. abgedruckt in
Muratori's Antiquitates Ital. 1120 ff. nennt Mahomet
„maximus princeps schismatis."

Der Commento endlich des Christoforo Landino
(a. d. J. 1481) gedruckt in Venedig 1578, nennt
ähnlich wie l'Ottimo Commento, Mahomet einen Zauberer, der vermöge seiner Kunst Wunder bewirke und
sich mit Sergius verbunden habe. Letzterer, nicht
Mahomet, ist Papst-Kandidat und von der römischen
Kurie beauftragt die Araber zu bekehren. Sergius
aber, als er sich in seinen Hoffnungen getäuscht ge-
sehen, schliesst sich nach Widerruf des bisher Ge-
predigten Mahomet vollends an. Beide richten eine
weisse Taube[3]) in der Weise ab, dass sie sich gewöhnt

---

[1]) *Del Macometto dicono alcuni, ma non è vero,
ch'egli fu cardinale*, s. a. a. O. I, 482.
[2]) *Et ordinarono insieme la falsa dottrina et mala
legge dell' Arcaram*, a. a. O. Bd. I, p. 602.
[3]) Die Taubenszene ist ohne Zweifel dem Vincentius
Bellovacensis, Spec. hist. XXIII, c. 40 entlehnt, der sie
einem Libellus des XII. Jahrhunderts verdankt. S. unten

Mahomet aus den Ohren zu essen. Diese Taube
wird nun während einer Predigt Mahomet's von Sergius losgelassen, fliegt dem Ersteren auf die Schultern
und pickt die in seinen Ohren verborgenen Körner
heraus, was von dem versammelten Volke als ein Ge-
spräch des hlg. Geistes mit Mahomet aufgefasst wird
und zur Folge hat, dass seine Lehre begeistert aufgenommen wird. Soweit Dante und seine Kommentatoren.

Wenn auch die Letzteren mit Ausnahme Benvenuto da Imola's weit über den Sinn der Dante'schen
Stelle (Inf. XXVIII., v. 22 f.) hinausgehend[1]), vieles
Ungehörige hineintragen, so sind ihre Erklärungen
nichts destoweniger von Interesse, weil sie den
Glauben und die Meinung der Zeitgenossen wiedergeben.

Wurde Mahomet nun einmal als Sektierer[2]) gekennzeichnet, sein Verhältnis zum nestorianischen
Mönche Sergius als massgebend für die Entstehung
und Entwickelung seiner Sekte angesehen, so ist es
wohl nicht unmöglich und unerklärlich, dass das
Volk, wenig empfänglich für die religiösen Streitfragen,
Sergius mit Mahomet verwechselte, den Letzteren bei
zunehmender Bedeutung und gefährlicher Ausbreitung
des Islams allein in den Vordergrund brachte und
in der Voraussetzung, dass er Christ gewesen, ihn

---

die Besprechung der Quellen des Vincentius. Aus dem
letzteren ist sie in die Dante-Kommentare gewandert,
namentlich aber in die neueren. Ausser Landino, bringt
dieselbe Zacharoni in seiner Dante-Ausgabe vom Jahre
1838, Marsilia, Firenze.

[1]) Hegel, Historischer Wert der Dante-Kommentare
1878.

[2]) So auch von Vinc. von Beauvais, Specul. hist.
Lib. XXIII, c. 51.

mit hohen kirchlichen Würden bekleidete, mit denen
Ersterer ausgezeichnet war.[1])

Was den Ursprung der Kardinalsfabel betrifft,
so ist hinzuzufügen, dass dieselbe in der von Robert
(s. o. p. XXV) überlieferten Fassung nicht einmal
originell zu sein scheint, denn eine ihr ähnliche finden
wir bereits in der goldenen Legende des Jacobus a
Voragine (vft. a. 1273), wo es in der Vita Pelagii,
Cap. 176 heisst:

*Clericus quidam valde famosus cum in romana
curia honorem quem cupiebat assequi non potuisset
indignatus ad partes ultramarinas confugiens sua
simulatione innumerabiles ad se attraxit.*

In der weiteren Erzählung schliesst sich der
anonyme Geistliche dem Mahomet eng an, worauf sie
eine Taube abrichten u. s. w., s. o. p. XXIX ff.

Ausser der p. XXV wiedergegebenen Fassung der
Kardinalsfabel, liegt uns noch eine etwas jüngere vor,
die wir ihrer Seltenheit wegen zum Abdruck bringen.

Im Jahre 1358 schrieb Niccolò da Casola aus
Bologna für die estensichen Fürsten ein langes Poem
über Attila im barbarischen Französisch und ganz
im Stil populärer Epik.[2])

In dieses Gedicht hat Niccolò eine 48 Zehn-
silbner umfassende Episode von Mahomet dem Kardinal
eingeflochten.

---

[1]) Ampère's Behauptung in der Hist. littér. sous
Charlemagne, p. 409 ff. „*Il fallait avoir envie d'attaquer
l'Eglise Romaine*" ist wohl daher nur Vermutung, für
deren Realität jeglicher Anhalt fehlt. Ebensowenig stich-
haltig ist Du Méril's Anm. 5, p. 374 a. a. O., nach Be-
richtigung des Zitats aus Benvenuto da Imola's Kommen-
taren. S. p. XXIX.

[2]) A. Gaspary (Geschichte der ital. Litterat., Bd. I,
p. 126), dem ich die Mitteilung der zweiten Fassung der
Kardinalsfabel verdanke.

Francesco D'Ovidio hat von diesem langen Poem einen Abschnitt, betitelt: Li Pavillon de Forest in einer kleinen, Professor Allessandro D'Ancona gewidmeten Schrift[1]) reproduziert, der wir folgende Verse entlehnen:

48 *Cil mauves Mahon, seignor, que ie vos di*
Fu ia gardenel et mout dagne de fi
50 *Saçe in scripture et in la sainte li*
Mout inçigneus et parlant et forment signori.
Et li saint apostoille dont celui obehi
Le avoit tramis in sauvaç pai
Por prehicher la loy de Jesu et de Hely
55 *Et der insegnament a le gent mendi*
De sauver sa arme que ne soit in peri:
Puis, li ont trestot auquant iuré et plevi
Que se l'apostoilles fust de li siecles fini
Mahomet alierent se il plaist à li.
60 *Sor celle creançe fist Mahons cel impri*
Mout fu mauves et petit li vaili
Que tot paianie convertist et arabi
Quant in celle temps li apostoille mori
El concistoire s'asembloit tot li
65 *Et firent consoil in pales et in secri.*
Quant furent bien consiles non trovent nul parti,
De Mahomet alire distrent serot il pi,
Il croist la crestentez, se il fust reverti
Il seroit le piz, nul plus fust converti:
70 *Mielz est que il exauce prehichant le pai*
Et abat l'ignorançe et li mauves deli.
Lor aliarent l'apostoille tot quant à un cri
Un saint home gardenel mout franc et ianti;
Li mant sant Pier au cuel i avoient establi,

---

¹) Das Titelblatt hat die Inschrift: *Per Nozze d'Ancona-Nissim XX Agosto MDCCCLXXI* (Imola).

- 75 *In le seçe papal fu incoroneç et mi*
Puis que l'apostoille oit receu la dignitee
Et da tot çant festoié et celebree
Tost de maintenant n'aloit la renomee
De ça, de là la mer par tot la contree;
80 *Avant que passi l'ans Mahon n'est certiffiee,*
Quant bien soit le voire li cors li est inflee
D'ire e de coruç et d'invie amassee,
Dont vençer se pense desor la crestentee.
Oiez que fist le faus renoiee:
85 *Tot par le pais qu'el avoit prehichee*
Tornoit mantinant, non fist plus destinee,
Avec ses desiples, Apolin l'adotrinee
Et Jupiter et Trivigant qu'el avoit amaestree.
Tot ce qu'el avoient dit avoient revochee.
90 *Contre la loy firent, con ie vos ai parlee*
De la columbe blanche cum avoient inçignee
Tost in petit termen li avoient retornee
A la loy mescreant le pais de tot lee
Ancor tot la Perse que estoit acrestianee
95 *Mahomet li proffete, le faus renoie*
Aveit à sa ley conduite et amene(e).

Über die Originalität der älteren Fassung der
Kardinalsfabel ist ob. p. XXXI angedeutet worden.
Wenn auch nicht festgestellt werden kann, dass der
Verfasser des Renard le C. die Fabel der goldenen
Legende entlehnt hat, so weisen doch die jüngere
Fassung und namentlich die vielen italienischen Dante-
Kommentare, welche sie enthalten, auf Ober-Italien
als ihre Heimat hin. Nach einem genaueren Vergleich
des ältesten Dante-Kommentars der Chiose anonime
(p. XXVIII) mit den oben zitierten Versen des Niccolò
de Casola kann man nicht umhin zu behaupten, dass

erstere Letzterem bekannt gewesen und ihm daher als Vorlage gedient haben mögen.

Hiermit schliessen wir die poetischen Bearbeitungen aber keineswegs mit dem Bewusstsein absoluter Vollständigkeit.

Valentin Schmidt berichtet in den Wiener Jahrbüchern Bd. XXXIII, S. 74, dass in *Amadis de Gaule* (VII, C. 38)[1]) bei der Taufe des Riesen und aller der Seinigen auf der starken Insel eine Lebensgeschichte Mahomet's zum Besten gegeben wird, die aus derselben Quelle geflossen zu sein scheint mit der in der goldenen Legende C. 176 St. Pelagius.

Nach Du Méril's Anmerkung 8, p. 374 der *Poésies pop. lat.* besitzt die Bibl. de l'Arsenal *une vie de Mahomet inédite*, *Hist. lat. No. 105*, *in folio*, auch soll Stephanus Langtonius, Erzbischof von Canterbury († 1228), ein Buch: *De factis Mahumedis* geschrieben haben, von dem man indes bis jetzt keine Spur gefunden hat.

Was nun die „*Vie de Mahomet*" der Arsenalbibliothek betrifft, so führt sie im neuen Katalog die No. 1162 und den Titel: *Vita Mahumeti et Fabulæ Saracenorum ex Alcorano.*

Henri Martin, Bibliothekar der Arsenalbibliothek, dessen I. Band über die hds. Schätze schon gedruckt vorliegt, hatte die Güte, dem Herrn Dr. Fricke, Einsicht in die Probebogen des II. Bds., welcher unter anderen auch die Beschreibung von No. 1162 enthalten wird, zu gewähren.

---

[1]) Die von Valentin Schmidt angeführte Stelle ist im Lib. VII, Kap. 38 nicht zu finden, sie kann nur in den dem Helden Sphäramund gewidmeten Büchern von 13 ab enthalten sein; die Fortsetzung des Romans ist mir nicht zugänglich gewesen.

Nach dieser Beschreibung ist die „*Vita Mahu-meti et Fabulæ*" ein sehr schön und deutlich verfasstes Ms. des XIII. Jhds., umfassend 178 S. Folio mit vielen Randbemerkungen z. Teil neueren Datums, Zusätzen und Verbesserungen versehen.

Die Vita besteht aus:

1) *Prologue de Pierre le Vénérable,*
2) *Epistola Dñi Petri abbatis ad Dñum Bernardum abbatem.* (s. Bibliander Basel 1543 I, p. 1 ff.)
3) *Fabulæ Saracenorum. Prologue de Robert de Retines.* (s. Bibliander I, p. 7.)
4) *Item de generatione Mahumet et nutritura ejus.* (s. Bibl. I, p. 201—211.)
5) *Item doctrina Mahumet ab eodem Hermanno translata.* (Bibl. I, 189 ff.)
6) *Lex Mahumet pseudoprophete, arabice Alchoran id. e. Collectio præceptorum.* (Bibl. I p. 8 ff.)
7) *Epistola Saraceni ad Xtianum.*
8) *Rescriptum Christiani ad Saracenum.*

Das Ms. 1162 enthält indes wahrscheinlich nur Bekanntes, denn ein Vergleich der Titel mit dem Inhalte des *Alcoranus*, hrsg. von Bibliander, erweist wenigstens für die No. 2 — 6 die Identität.

Bei den Prosabearbeitungen der Mahometfabel — wenn wir Abschnitte der Hauptchronisten des M. A., die über Mahomet handeln so benennen wollen —, muss füglicher Weise von einer eingehenden Besprechung derselben abgesehen werden; wir beschränken uns darauf, bei kurzen Excerpten aus denselben auf den Zusammenhang der Bearbeitungen mit einander hinzuweisen, den Ursprung der gesamten überaus reichen Mahomet-Litteratur festzustellen und mit einigen Zügen die Entwickelung derselben anzudeuten.

Der Turpinschronik, der Goldenen Legende,

und des Geschichtsspiegels des Vincentius von B. ist schon oben gedacht worden.

Kap. 39—67 Lib. XXIII des Spec. hist. (Ausgabe von Douai 1624) handeln über Mahomet und den Koran. Kap. 40 betitelt: „*De quibusdam libellis in quibus agitur de ejus (Machometi) fallaciis*" giebt den Inhalt eines „*libellus in partibus transmarinis de Machometi fallaciis*" wieder, der bis auf die Taubenszene (s. p. XXIX ff.) mit dem des Walter'schen Gedichtes übereinstimmt.

Von gleichem Alter ist die ebenfalls in Kap. 40 erwähnte „*Disputatio cujusdam Saraceni et cujusdam Christiani de Arabia super lege Saracenorum et fide Christianorum inter se*", welche die weiteren Kapitel bis 67 inklusive ausfüllt. Die Tendenz der Schriften bezeugt Vincentius ausdrücklich am Ende des Kap. 67 mit den Worten: „*Hæc breviter excerpsi ad insinuanda figmenta et fallacias Machometi,*" In der von Vincentius erhaltenen Form wird die „*Disputatio*" aus seinem Specul. hist. reproduziert in Biblianders Alcoranus Basel 1543 Teil II, p. 3 ff. „als *aries valide impressus, qui superbum molimen Machumeticæ superstitionis subruit et demolitur.*"

Über die Entstehung der „*Disputatio*" sagt Vintentius am Ende des Kapitels 40 L. XXIII:

„*Hunc autem librum fecit dominus Petrus abbas Cluniacensis de Arabico in Latinum transferri, a magistro Petro Toletano, juvante Petro monacho scriptore.*"

In der Chronik aber „*Albrici Monachi trium Fontium*" heisst es zum Jahre 1143[1]). In diesem Jahre ist auf Veranlassung *(per industriam)* des Abtes von Clugny Petrus der sog. *Alcoranus* mit der ganzen Sekte des gottlosen und falschen Prophe- .

---

[1]) Mon. Germ. Script. XXIII, p. 837.

ten Mahomet aus dem Arabischen in's Lateinische übersetzt worden,[1]) damit die kathol. Kirche erfahre wie gemein, frivol und voll offenbarer Lügen die Lehre jenes Verführers sei.

Die beiden oben erwähnten, im Spec. hist. erhaltenen Schriften sind hiermit chronologisch fixiert. Sie waren ebenso wie die erste Koranübersetzung, bestimmt, am Vorabende des II. Kreuzzuges, Hass und Abscheu gegen den Islam zu erzeugen. In Betreff der *Disputatio* und des Korans giebt uns ausserdem ein Brief[2]) des Abtes Petrus an den hlg. Bernard, den Abt von Clairvaux, beachtenswerthe Aufschlüsse. Als Übersetzer der ersteren wird Petrus Toletanus genannt, dem, weil ihm die lateinische Sprache nicht so geläufig war wie die arabische, ein zweiter Petrus, Notar des Abtes von Clugny, half; als Übersetzer des Koran Robertus Retenensis de Anglia, *Papilonensis ecclesiæ archidiaconus* und *Hermanus Dalmata acutissimi et literati ingenii scholasticus.*

Des Weiteren wird die Lehre des falschen Propheten als ein *error errorum, fex* (Hefe) *universarum hæresum, in quam omnium diabolicarum sectarum, quæ ab ipso Salvatoris adventu ortæ sunt, reliquiæ confluxerunt* gekennzeichnet und aufgefordert, dieselbe in Schriften und Disputationen als eine verabscheuungs- und verdammenswerte zu brandmarken.[3])

---

[1]) Als Übersetzer derselben wird von Chevalier, s. Pierre de Tolède, Petrus Toletanus angeführt, wo ausserdem auf Antonio's Bibl. Hisp. Vet. II, 24—25 und Castro's Bibl. Espaň. II, 498 verwiesen wird.

[2]) Abgedruckt in Biblianders Alcoranus, Basel 1543, Bd. I, p. 1, 2.

[3]) Für die wissenschaftlich-religionsgeschichtliche Anschauung ist Muhammed's Religion, wenn sie auch noch so gewaltig als Weltreligion sich entfaltet, doch bei ihrer engen genetischen Verwandschaft mit entartetem Judentum

Dieser von den Urhebern und Leitern einer so
ereignisvollen litterarischen und geistigen Bewegung
angeschlagene Ton ist nicht nur im XII., sondern
auch in den folgenden Jahrhunderten bei allen gegen
Mahomet und den Koran verfassten Schriften beibehalten und weiter ausgebildet worden. Die ganze
christliche Mahometlitteratur des M. A., mehr oder
weniger der im XII. Jahrhundert in Bezug auf Mahomet
beliebten Schreibweise folgend, ist infolge dessen
eine tendenziöse. Es fanden sich nicht nur arabische
Christen (s. p. XXXVI), sondern auch zum Christentum
bekehrte Muselmänner, wie der Gewährsmann des
Walter'schen Gedichtes, welche im Besitze guter
Pfründen und hoher geistlicher Stellen oder durch
die Aussicht auf dergleichen angelockt, dasjenige,
was sie früher bekannten und verehrten, in Schriften
verdammten und schmähten.

Jener im Walter'schen Gedichte anonyme Paganus,
honestus clericus et Senonum magnus in ecclesia qui
de progenie gentili natus et altus, Christi baptismum
ceperat et fidem; Ergo se puerum dedicisse legendo
professus quidquid scripturæ de Mahometo sonant.
war wohl Verfasser, wenn nicht gerade jenes libellus
in partibus transmarinis (p. XXXVI), so doch eines sehr
ähnlichen, das dem Walter von Compiègne als Vorlage diente. Jedenfalls dürfte hiermit der Zusammenhang des Walter'schen Gedichtes und indirekt der

und ebensolchem Christentum nicht viel etwas anderes als
eine christliche Hæresie. Das Urteil war nicht so unberech-
tigt, wiewohl die Elemente des Korans, damals nur ober-
flächlich erkannt, erst in neuerer Zeit gründlicher unter-
sucht und objektiver beurteilt worden sind in Hartwig
Hirschfeld's „Jüdische Elemente im Koran", Strassburger
Promotionsschrift, Berlin 1878, Selbstverlag, und Sayous'
Schrift: „Jésus Christ d'après Mahomet", Paris, Leipzig 1880.
Vgl. Ranke, Weltgesch. V, Teil 2, p. 95 ff. Leipzig 1885.

du Pont'schen Bearbeitung mit der tendenziösen
Mahometlitteratur des XII. Jahrhunderts erwiesen sein.
Die Verfasser sowohl als auch der Übersetzer
der zweiten erhaltenen Schrift, der *Disputatio*, waren
Araber, was für die ersteren durch Vincentius bezeugt
wird,[1]) für den letzteren aus dem Briefe[2]) des Abtes
Petrus an den hl. Bernard hervorgeht.

Zitate[3]) aus dem Koran, die Bezeichnung desselben als einer scriptura major[4]) Mahomet's, was zu
dem Schlusse berechtigt, dass eine scriptura minor,
„die Sunnah", ihm von den Verfassern zugeschrieben
wurde, die Unzahl arabischer Namen und Worte
beweisen zur Genüge, dass uns in der *Disputatio*
eine ursprünglich arabische Schrift vorliegt, die das
Prophetentum Mahomet's durch sich widersprechende
Stellen des Koran und der Sunnah und den Mangel
der *prophetalis gratia* zu widerlegen versucht.

Ein Abschnitt derselben, betitelt: *Qualiter Alcho-
rani liber connexus sit*, identisch mit Kap. 51,
Lib. XXIII des Specul. hist., bespricht das Verhältnis
Mahomet's zu dem Nestorianer Sergius und stellt den
Koran als eine Entstellung alt- und neutestamen-
tarischer Lehren dar, zu deren Vollendung drei Juden,
aus Furcht, Mahomet könnte ein wahrer Christ werden,
das Ihrige beigetragen haben, indem sie ihn das zu
schreiben bewogen, was der Koran Schändliches und
Verkehrtes enthalte.[5])

---

[1]) Specul. hist. Lib. XXIII, cap. 46: *„Hic autem pauca
licet inserere . . .*
[2]) *Sed quia lingua Latina non ei adeo familiaris, ut
Arabica*. Bibl. 1, p. 1 ff.
[3]) Specul. hist. a. a. O., Kap. 46 der letzte Satz
„Quidquid inveneritis" und Bibl., Teil II, p. 6.
[4]) Ebendaselbst.
[5]) Specul. hist. XXIII, 51. Bibl. II, p. 9: *Et ita
factum est, ut ab ipso monacho (Sergio) aliqua de veteri et*

Diese Auffassung Mahomet's als eines Sektierers, welche nicht nur Chronisten wie Vincentius, Thomas von Toscana, Mathäus Parisiensis u. a., sondern auch Dichter wie Hildebert, Walter, du Pont, Dante und seine Kommentatoren teilten, erzeugte im Laufe der Zeiten die Fabel vom ehemaligen Christentum Mahomet's und der Araber, woraus sich dann die anderen fast unglaublichen Fabeln entwickelten. Die beiden „libelli"[1]) und die erste Koranübersetzung sind die Hauptquellen für alle späteren mittelalterlichen Biographien des falschen Propheten und die Reproduktion seiner Lehren geworden, die letzteren sind nur Variationen der in den ersteren enthaltenen Melodie. So viel über Vincenz von Beauvais.

Über die Doppelchronik von Reggio bemerkt Dove[2]) S. 28 „Was über Muhamed's Auftreten und die Sitten der Muselmänner berichtet wird, erinnere zwar an Vincenz von Beauvais, weiche aber im einzelnen wieder beträchtlich von ihm ab, näher dürfte es mit der Bologneser Quelle des Thomas von Toscana[3]) (1279) zusammenhängen." In einer Einleitung zu dem in den Mon. G. Script XXII gebotenen Auszuge bespricht Ehrenfeuchter zwar die Quellen, konstatiert aber nur eine oberflächliche Ähnlichkeit mit dem Specul. hist. des Vincentius in Betreff der Tauben- und Stiergeschichte und wiederholt das vom Verfasser

---

novo Testamento edoctus, ipsa in Alchorano suo fabulose ac mendose intexeret. Tres Judæi, timentes ne in veram Christianitatem quandoque Machumet incideret, accesserunt ad eum, eique omnia quæ turpiora vel nequiora in Alchorano sunt, scribere persuadentes . . .

[1]) Es sind das nicht die einzigen. S. u. bei Mathäus Paris, p. XL.
[2]) Doppelchronik von Reggio, Leipzig 1873.
[3]) Mon. Germ. Script. XXII, 493—494.

selbst Angeführte, nämlich dass der Bericht über Mahomet einem sehr alten in der Sakristei der Bononienser Kirche aufgefundenen Buche entlehnt sei. Wie dem auch sein mag, die Chronik des Thomæ Tusci und seine Quelle gehen auf den *Libellus in partibus transmarinis* zurück, der zuerst jene Geschichten in dieser Form bringt.

Vergleicht man die Toscanische Chronik mit der nur um einige (6) Jahre älteren Goldenen Legende so ist auch hier eine Ähnlichkeit nicht zu verleugnen,[1]) beiden gemeinschaftlich ist eine Notiz, welche die Keime der oben besprochenen Kardinalssage ent hält. Vergleiche mit der p. XXXI aus der Goldenen Legende C. 176 zitierten Stelle folgende Worte aus Thomas von Toscana: *Invento igitur quodam monacho Christiano, sed secta Nestoriano vel, ut alii quidam ferunt, quodam clerico, qui ab ecclesia turbatus abscesserat, eo quod in ea non fuerat assecutus honorem, quo dignum se esse credebat, qui dissertudine suæ linguæ ad se plurimos attrahebat, ei familiariter affectus in brevi ab ipso edoctus est de novo et veteri testamento.* Ausserdem erzählt Thomas von einem trockenen Brunnen od. Zisterne[2]) *(puteus)*, um welchen Ma-

----

[1]) Sie enthalten dieselben Mahometfabeln — die Stiergeschichte —, indes wie folgt in etwas veränderter Form.

[2]) Die Erzählung bei Thomas von Toscana von dem trockenen Zisternenbrunnen des Mahomet und des Mönches ist der ziemlich deutliche Widerschein einer bekannten Sage des Korans, nämlich von den beiden babylonischen Engeln Hârût und Mârût, welche nach Koran Sure, 2, v. 98 ff. den Menschen die Zauberei lehrten und zur Strafe an den Füssen mit Ketten gefesselt in einem Brunnen in Babel aufgehängt werden. Über sie sei verwiesen auf die Abhandlung von M. Grünbaum, Beiträge zur vergleichenden Mythologie und Zeitschrift der deutschen Morgenländ. Gesellschaft, Bd. 31, Jahrg. 1877, S. 227 ff.

homet seine Anhänger zu versammeln und zu dem auch auf die Stimme des Clericus die dressierte Kuh zu eilen pflegte. Der Erstere wird bewogen, sich in der Zisterne verborgen zu halten, um durch seinen lauten Ruf die Kuh herbeizulocken, die ähnlich wie im Walter'schen Gedichte vor ihrem Pfleger niederkniet, an ihren Hörnern die vom Mönche geschriebenen Gesetze tragend. Die von demselben im Verborgenen ausgerufenen Worte „die Versammlung möge an Mahomet glauben und das Gesetz, welches ihnen Gott geben werde, halten", erwecken in derselben den Glauben es habe Gott gesprochen. Den Brunnen erklärt Mahomet für heilig und fordert die Menge auf, ihn mit Steinen zu füllen, wodurch der einzige Zeuge seines Betruges umkommt.

Da die vorliegende Untersuchung innerhalb des vornherein gezogenen Rahmens sich auf das M. A. zu beschränken hat, so werden in den Kreis der Besprechungen nur noch der Chronist Mathæus Parisiensis († 1259) ein Zeitgenosse des Vincentius von B. und die von Bibliander 1543 zu Basel veranstaltete Kollektion von Schriften, gezogen.

Seite 423 des Mathæus P. in der Londoner Ausgabe von 1640 wird unter den Ereignissen des Jahres 1236 eine Schrift erwähnt, welche dem Papste Gregor dem IX. (1226—1241) durch Predigermönche aus dem Oriente geschickt worden sei. *Quod (sc. scriptum) quum ad multorum audientiam pervenisset error, immo furor Machometi Prophetœ Saracenorum, qui in eo descriptus est, cunctos commovit in sibilum et derisum.*

Während im *libellus disputationis* (Spec. hist. XXIII, 41 ff.) eine in den Hauptstücken erhaltene Streitschrift des XII. Jhd. vorliegt, — was ausserdem aus der Reproduktion Bibliander's II. Th., p. 1 ff.,

wo sie als eine selbständige in ein Kompendium ge-
drängte *(in comp. contracta)* Schrift erscheint, hervorgeht —, giebt uns Mathæus P. nur den Inhalt und
einige Zitate einer der ersten sehr ähnlichen Schrift
des XIII. Jhd. (S. 423 — 7) wieder. Die Tendenz
derselben geht indes deutlich aus den oben p. XLII
zitierten Worten hervor. Auch sie war höchstwahrscheinlich ursprünglich arabisch verfasst, was aus
der Beibehaltung rein arabischer Namen in derselben,
ihrer Herkunft *„de partibus Orientalibus"* und ihrer
vermeintlichen Bestimmung, unter den orientalischen
Christen zu kursieren, angenommen werden darf.

Ein Vergleich mit dem *libellus disputationis* kon-
statirt eine Reproduktion derselben Mahometfabeln[1])
höchstwahrscheinlich aus derselben Quelle, den arabischen Sunnahs.

Auch hier wird vom Wolfe berichtet, der auf
den arabischen Propheten losgegangen, jedoch als
er drei Finger zeigte, von ihm gewichen sein soll,
von einem sprechenden Ochsen, von einem Baume
der auf Geheiss des Propheten sich verbeugt und
zu ihm herangetreten sein soll, von einer vergifteten
Hammelkeule, die ihn mit den Worten: *Vide ne
comedas ex me*[2]) vor dem Genuss gewarnt haben soll
und dgl.

Die Fabelsammlung des Mathæus P. ist indes
reichhaltiger als die des Vincentius; so reproduziert
die erstere noch ausserdem die Fabel vom Monde,
der sich auf Geheiss des Propheten in zwei Teile

---

[1]) cfr. Vincentii Specul. hist. XXIII, Kap. 46, wo die
unter der oben erwähnten Voraussetzung, dass Muhomet
die Sunnah verfasst habe, als *„Fabulæ ab eo confictæ"*
angeführt werden.

[2]) Ebendaselbst steht: *Noli me comedere, quia veneno
confecta (scapula) sum.*

spaltet, die sich dann wieder zum Ganzen ver-
einigen.

Die p. 427, 428 von Mathæus P. excerpierte:
„*Narratio quam per quendam magni nominis ce-
lebrem prædicatorem, qui ejusdem Machometi legem
prædicando reprobavit, ad hoc specialiter in
partes Orientales destinatus, accepimus*“ zeigt die
Bestimmung dieser tendenziösen Schriften — sie
dient wie jene zur Widerlegung der Lehren des
Koran, nennt aber ausserdem unter Bezugnahme auf
eine Stelle der Apocalypsis[1]) Mahomet einen „*draco
venenosus, bestia multorum cæde cruentata, absorbens
flumen nec admirans habens adhuc fiduciam ut in-
fluat Jordanis in os ejus, præstigiator animarum etc.*
• Die vom Chronisten über das Lebensende Mahomet's gebrachte Fabel, dass ihn eine Sau (*sus quæ-
dam improba porcellos habens nondum ablactatos*) im
Zustande der vollständigsten Trunkenheit und Über-
sättigung erwürgt habe (*suffocavit*) erinnert zwar an
Cant. XIV. der Hildebert'schen Historia, weicht aber
von derselben wieder insofern ab, als ausser der
Epilepsie noch Gift, welches Mahomet von einigen
Vornehmen, die ihn wegen seiner Stellung beneideten,
eingegeben wurde, als wirkliche Todesursache angesehen wird.

Zum Schluss noch Einiges über Bibliander's
Kollektion tendenziöser gegen Mahomet gerichteter
Schriften.

Wie bereits oben p. XXXV angedeutet wurde,
liegen No. 2—6 der *Vita Mahumetis* No. 1162 der
Arsenalbibl. in der Bibliander'schen Sammlung ge-

---

[1]) Nach der Vulgata Apoc. XII, 4: „*et cauda ejus
(draconis) trahebat tertiam partem stellarum cœli, et misit
eas in terram.*

druckt vor, auch ist in T. II. 1—20 die „disputatio"
aus dem Spec. hist. dieser Sammlung einverleibt.
Der Titel des Werkes: *Machumetis ejusque
successorum vitæ et doctrina, ipseque Alcoran etc.
His adjunctæ sunt confutationes multorum et quidem
probatissimorum authorum, Arabum Græcorum et
Latinorum* Basil. 1543 weist auf den Hauptbestand-
teil derselben, die erste Koranübersetzung a. d. J.
1143 hin, welche, wie wir bereits hervorgehoben
haben, die zahlreiche Mahomet-Litteratur des Mittelalters ins Leben gerufen hat. Von dieser Publikation spricht L a n g e[1]) in der Einleitung zu Sale's Koranübersetzung, dass die ersten Koranübersetzer s i c h
u n v e r a n t w o r t l i c h e F r e i h e i t e n b i s z u r V e r -
w i s c h u n g d e r Ä h n l i c h k e i t m i t d e m O r i g i -
n a l e e r l a u b t h a b e n und zitiert absprechende Ur-
teile von Scaliger und Erpenius.

Fabricius hist. Bib. unter Robertus Retenensis
verweist ebenfalls auf ein ungünstiges Urteil des
Huetius de Claris Interpretibus p. 141 über des Ersteren
Alcoranus in *Compendium redactus* und die p. XXXV
No. 3 zitierte *Præfatio ad Petrum Venerabilem abba-
ten Cluniacensem.*

Es unterliegt wohl keinem Zweifel, dass die vier
oben besprochenen „libelli" Tendenzschriften waren,
verfasst von Gegnern des Islams zur Zeit der Kreuzzüge, wo es galt, denselben nicht nur mit Schwert
und Feuer, sondern auch mit Waffen des Geistes zu
bekämpfen.

Ausser der Tendenz ist auch der arabische Ursprung der Hauptschriften — der *Disputatio* und des

---

[1]) *The Coran translated into English with notes* by
G. Sale, London 1734 wurde ins Deutsche übersetzt von
Theodor Arnold Lange 1746, s. p. IV.

Scriptum erwiesen. Die Quellen für diese sind der
Koran und die zahlreichen Legendensammlungen über
Mahomet im Heimatlande desselben.

Dieselben waren bereits im II. Jh. der arabischen Zeitrechnung und zwar kaum 150 Jahre nach
dem Tode des arabischen Propheten so zahlreich
und abenteuerlich geworden, dass arabische Gelehrte
bald die Nothwendigkeit einsahen, dieselben zu
prüfen und authentische oder legitime[1]) Sammlungen
anzulegen. Abu-Abdallah Mohammed, auch bekannt
unter dem litterar. Namen Bokhari aus dem II. Jh.
der Hegira erzählt in seinem Buche „*Es-sahîk*, dass
er über Mahomet gegen 200,000 Legenden gesammelt, von diesen aber nur 7225 als authentische
veröffentlicht habe. Andere mögen sorgloser und
ungenauer gesammelt haben, und so konnte es nicht
ausbleiben, dass Wundergeschichten in die Sammlungen aufgenommen wurden, die nicht nur im
Widerspruche mit dem Koran und dem gesunden
Menschenverstande standen, sondern geradezu als
lächerlich erscheinen mussten.

Diese Blösse war den Gegnern des Islams will-
kommen, hier setzten sie ein, um den Begründer
desselben lächerlich und verächtlich zu machen, wo-
bei ihnen die zum Christentum bekehrten Muselmänner durch Übertragungen aus dem Arabischen
halfen.

Der Erfolg des Islam schon bei Lebzeiten des
Propheten hatte selbst seine Gegner unter den Ara-
bern zum Schweigen, im Übrigen aber noch das zu
Wege gebracht, dass seine eifrigen Anhänger und
Verehrer bei der losen Moral des Korans Mahomet's

---

[1]) cfr. Du Méril, Poésies pop. lat. du moyen-âge,
p. 369 ff.

Schwächen beschönigten[1]), die spätere Generation sie
vergass, oder gar als Mittel zum Zwecke gut hiess.
Die Christen aber, namentlich die Vorkämpfer gegen
den Islam, hatten es sich angelegen sein lassen, gerade jene Fehler und Vergehen[2]) zu übertreiben,
neue hinzuzudichten, um aus denselben eine mächtige
Waffe gegen den Islam zu schmieden.

So geschah es, dass, während das arabische
Volk seinen Propheten in unzähligen Legenden ver-
herrlichte,[3]) im übertriebenen Hange zum Märchen-
haften Wundergeschichten erzeugte, die abendländischen christlichen Völker im Kampfe gegen ihren
ärgsten Feind aus Hass ihm alle nur möglichen Un-
thaten anzudichten kein Bedenken trugen.

---

[1]) Math. Parisiensis, p. 428. *Per complices autem
Machometh, qui probra ejus in quantum potuerunt palliarunt,
lex ejus serpendo cœpit fines Orientales occupare.*
  [2]) Vgl. A. Sprenger, Das Leben des Mohammed,
Berlin 1862, Bd. 3, S. 76.
  [3]) Besonders thaten das ausser den Arabern die
Perser.

De Mahomet.

S'auchuns velt oir ou savoir
La vie Mahommet a voir,
En *penra* ichi connissanche.
En la terre le roi de Franche
5 Mest jadis a Sens en Bourgoigne
Uns clers avoecques un chanoigne,
Ki Sarrasins avoit este
Mais prise avoit crestiiente;
Mahom del tout laissie avoit,
10 Car toute la gille savoit
Que Mahommes fist en sa vie,
Le barat et la trecherie.
Il fu clers quant il fu paiens,
Et clers apries fu crestiiens.
15 A son signour conta la guile,
Ki a un abbe de la vile,
Lequel on apieloit Gravier,
Le conta, et chil a Gautier
Ki moignes estoit de s'abbie.
20 Li moignes lues en versefie:
Un livret en latin en fist,
U Alixandres dou Pont prist
La matere dont il a fait

———————————————————

3 *porra* Ms.   13 *fut paiens* Mich.

Cest petit romanch et cstrait.

25 Si com aferme li dis moignes,
Adans avoit non li chanoignes,
Li clers avoit non Diudounes,
Pour chou c'a Diu s'estoit donnes.
Il connissoit par escripture

30 Et Mahommet et sa nature,
Comment il s'estoit demenes
Et ou ses linages fu nes.
Ses peres fu nes d'Ydumee,
Aussi i fu sa mere nee.

35 Audimenef ot non ses pere;
Mais je ne sai le non sa mere.
Toute la loy de Jesucrist
Savoit par letre et par escrist.
Bons clers ert de geometrie,

40 De musike et d'astrenomie,
De grammaire et d'aritmetike,
De logike et de retorike.
Par geometrie seust,
S'il vausist, quans pies il eust

45 De Montagut au *Saveoir*,
Portant k'il le peuist veoir.
Il savoit tous chans acorder
Par musike, sans descorder;
Et par forche d'astrenomie,

50 S'aucuns hom eust courte vie
Ou deust vivre longhement;
Ques ans fust plentuis de forment,
Ou s'il deust molt grant froit faire.
Molt bons clers estoit de gramaire.

55 Par artimetike seust
Quans quarriaus taillies il eust

---

41 *artimetike* Mich. 45 *savoir* Ms.

En une tour u en un mur,
Ou autre conte plus seur.
Par retorike et par raisons
60 Savoit il bien que ja mais hons
Rendre vaincu ne le peust,
Ja soit chou que bon droit eust.
Ja soit chou que il fust si sages,
S'estoit il sers et ses linages.
65 Sers de son chief por voir estoit
A un baron cui il servoit,
Ki riches ert de grant maniere
De bos, de pres et de riviere,
De vergiers, de molins, de fours,
70 De castiaus, de viles, de bours,
De chevaliers, de castelains,
De citoiens et de vilains.
Et ja soit chou k'il fust muebles
De vins, d'avainnes et de bles,
75 De deniers et d'or et d'argent,
Souvent envoioit par sa gent
En lontains lius marcheandise
Selonc la coustume et la guise
Ki ou pais adonc estoit;
80 Mais plus par Mahommet faisoit
Que par conseil de nul autre homme.
Il li a donnee la somme
De commander od sa maisnie;
En son osteil a grant baillie:
85 Quant il est presens en maison
A toute chose rent raison.
Plus que dormir amoit villier
Et soi durement travillier
Ou pre son signor et sa dame.

___

86 Im Ms. *il?* statt *a* (Mich. Lesart).

1*

90 Ja mais ne trouvaiscent nule ame
   Ki lor feist si loiaument
   Lor choses, ne si saghement.
     En cel tans, en cele partie
   Estoit uns hom de sainte vie
95 Demourans en un hermitage,
   En une montaigne sauvage,
   U il proioit Nostre Signour
   Pour tout le pule cascun jour;
   Lui meismes n'oublioit mie;
100 Car mal proie qui lui oublie,
   Et cil n'est pas de bonne foi
   Ki ne prie fors que pour soi.
   Molt valt d'un juste la *proiere*,
   Car Nostre Sires l'a molt chiere.
105 Cil hom vivoit sans vilonnie,
   Poi buvoit de bon vin sour lie,
   Mais aighe ki n'ert pas boulie;
   Por Diu menoit si dure vie;
   Car toz honnis estre cuidast,
110 *Se* son cors gaires reposast
   Nul mal en lui ne laissoit croistre,
   Ains se batoit dedens son cloistre
   Ou il abitoit trestous seus:
   Voisins ert as ours et as leus.
115 Petit dormoit si vestoit haire;
   De char mangier n'avoit que faire.
   Magres estoit et piaucelus,
   Par astinenche, et tous pelus.
   Diu proioit en tel penitanche,
120 Toute estoit en Diu s'esperanche.
   A s'ame paroles devines
   Et sa char donne herbe ou rachine,

---

103 Ms. *pieche* statt *proiere*. 110 Ms. *de* statt *se*.

Et quant ses mangiers ert plus grans,
Si mangoit faines ou glans;
125 Et souvent par le saint Espir
Savoit les choses a venir.
A lui vont les gens de la terre
Conseil demander et requerre;
Tous les ensaignoit comme sages
130 Selonc lor dis et lor eages,
Et quant les avoit consillies,
Si s'en raloit chascuns toz lies.
　　Une fois aloit au saint homme
Mahommes *porquerre* la somme
135 Pour vivre droiturierement,
Et si proia devotement.
Si tost com li sains l'a veu,
Maintenant a apercheu
Que le dyable en son cors a,
140 Pour chou de la crois se saigna
Et dist: „Fui t'ent en sus de moi,
Car je n'ai que faire de toi;
Car tu n'aimmes Diu ne ses sers,
Ains es as vis dyables sers.“
145 Mahommes fu tos esmeus,
Aussi con s'il fust tresbeus.
K'il fust si fais, pas ne savoit;
Por chou le saint homme proioit
K'il li deist, se lui pleust,
150 Pour coi il laidengie l'eust.
„Mahom, chou dist li sains hermites,
Tu ies au dyable toz avites
Et si ies sa possessions.
Par tes grans tribulations

---

134 *por samour* Ms.　137 Rasur hinter *veu*.

155 Sera la loys Jesu destruite
Et la malvaise lois estruite.
Tu, desloiaus et plains de rage,
Abateras saint mariaige
Que le fils Diu em paradys
160 Fist d'omme et de femme jadis;
Tu dampneras virginite;
Li chastes par t'iniquite
Sera avoutres, et par toi
La gens sera fole et sans foi.
165 Circoncisions de pensee
Iert par toi desacoustumee,
Et cele de char revenra
Que la gens maudite tenra.
On delaira par toi batesme
170 Et la sainte onction de cresme.
Une loi controuveras vainne
Dont mainte ame sera em painne."
Mahommes aferme forment
Que miex vauroit souffrir torment
175 U c'on le deust a mort traire,
Qu'il deust la loi Diu deffaire.
Li sains hom set bien que il ment
Si le laidenge durement
Et le commande aler en voie;
180 Car sa presenche li anoie.
    Mahommes se part de l'hermite;
De la parole k'il a dite
Ne puet remouvoir son corage;
Il est ja entres en la rage
185 Et plus croit a l'omme saintisme
Que il ne fait a lui meisme.
Il cange coulour en sa fache
Souvent et ne set que il fache;
N'est pas ja en sa poeste,

190 Li dyables l'a conqueste
Ki en faisoit chou k'il voloit;
A son affaire li aidoit.
Il li aide a chascune oevre
A son voloir, car Dex le sueffre;
195 Il li aide si com il vieut.
A son signour, si con il sieut,
Mahommes pensis s'en repaire
Si le sert ensi con siut fàire;
Les serghans huche de la court,
200 Cascuns se haste, a lui acourt
Pour demander sa volente.
Il lor dist: Chargies a plente
Sour les sommiers dras d'escarlates
Et biaus joians d'or et de plates
205 Et dras, ou il a *mainte roïe*,
Vairs et gris, siglatons de soie.
Et il meismes prent monnoie
Pour faire despens en la voie.
Mainte chose ont chargie diverse,
210 Marcheander s'en vont em Perse.
D'illuecques vont as Indiiens
Et puis as Ethyopiiens.
Lor marcheandises vendirent
Autres rechargierent et *prirent.*
215 Onques mais si bien au valoir
Mahommet n'avint, car d'avoir
A son signor raporta bien
Trois tans k'il n'en porta dou sien.
Li jugemens Diu si parfons
220 Est que nus hom n'i prendroit fons;
Et qui le porroit encerchier?

194 *Dieux* Mich. 196 Mich. *signor.* 205 *maintes*
roïes Ms. 214 *prisent* Ms.

Chelui castoie k'il a chier
En cest siecle amiablement.
Quant atendu a longhement,
225 Bien se set del malvais vengier
Et de haut en bas trebuchier.
Dire vous voel d'un chevalier
Chevaucant et d'un escuier
Et d'un boskillon molt preudommc
230 Ki ert venus querre une somme
De busches au bos. L'escuiers
Portoit un gourle de deniers
Que ses sires li ot chargie,
Si le perdi par son pechie,
235 Et les trouva li boskillons.
Comme sages a genoillons
Nostre Signour en aoura.
Apries gaires ne demoura
Que li doi se sont percheu
240 De lor perte; sont esmeu.
Par la foriest, le trot menu,
S'en sont arriere revenu;
Ne truevent riens ne sont pas lie.
A l'escuier trencha le pie
245 Li sires comme forsenes.
La vint uns hermites senes,
Sains et plains de toute raison;
Pries d'illuec avoit sa maison.
Li sains hom a l'escuier dist:
250 „Ki te fist chou?" Cil *respondit:*
„Sire, uns chevaliers m'a che fait."
„Por coi? L'avoies tu meffait?"
„Un gourle de deniers portoie,

---

222 *qu'il* Mich. 231 *Des buche* Ms. 231 *li escuiers* Ms.
250 *respondi* Ms.

Si m'est cheus en mi la voie.
255 Il cuide je l'aie muchie
Si m'a pour chou colpe le pie.
Je vous di en confiession
Que n'ai pas fait tel mesproison;
Je croi c'aucuns trouves les a
260 Ki le bois apries moi passa;
Onques par moi n'en fu greves."
En son corage en est torbles
Li hermites pour l'aventure
Ki molt li sambloit estre oscure;
265 Il proie Diu en sa pensee
Que cil l'en fache demonstree,
Pour chou k'il n'entre en male voie
U en errour ki le desvoie.
Un angele Dius li envoia,
270 Ki la verite li conta.
Li angeles descendi des cius,
Environ resplendi li lius.
Li ermites connoist bien l'angele,
Qui orison fait en un angle
275 Par dedens en son habitacle.
Li angeles li dist le miracle
Del jugement ke Dex fait a:
„Le boskillon deshyreta
A tort li chevaliers jadis;
280 Li escuiers ki fu maris
Sa mere avoit feru dou pie:
Or en a este bien paie.
Dou pie feri a tort sa mere,
C'est a bon droit s'il le compere."
285 Ensi juge li rois celestes.
En cest siecle maintes molestes

266 *Que il* Mich. 269 *Uns angeles Diu* Ms.

Sueffrent li ami Jesucrist,
Ensi con l'Escripture dist,
Pour auchun pechie ke il font
290 U pour l'amour ke a Diu ont,
K'en l'autre siecle soient quite;
Mais li malvais si se delite,
Et Dex souvent maint bien li donne
Pour auchune oevre k'il fait bonne,
295 Ja soit chou qu'ele soit petite;
Si l'en rent ichi le merite,
U pour chou que il soit plus mas,
Quant cheus ert de haut en bas.
Aussi de saint Piere de Romme
300 Fu et de Noiron le fel homme
Et de saint Jop et de Mahom,
Et dou Riche qui tant poon
Englouti et tant bon poisson,
Tante pieche de venison,
305 Et but bon vin par grant delit
Et ki avoit si souef lit,
Qui vestoit la porpre nobile.
Ensi con nous dist l'Euvangile,
Au Ladre ne vout faire bien.
310 Ses plaies lechierent li chien,
Miels li faisoient que li Riches
Ki le menu relief des miches,
Dont il plus mangier ne voloit,
Au povre Ladre ne faisoit
315 Donner, ki se moroit de fain;
Mais quant la mors l'ot pris a l'ain,
Tost fu au torment ki ne faut.
Orendroit a chou que il vaut.
Cil ki soloit estre pourris,
320 En intier est li bien norris:
Li uns est de son mal garis,

Li autres est tous esmaris.
Ki au siecle pensa de soi,
Orendroit est a si grant soi
325 Que s'il buvoit toute la mer
Et si n'i eust point d'amer,
Son soif n'en estancheroit pas;
Plus fort mal a que le lampas.
En cest siecle ont souffert li saint
330 Painnes pour Diu et *torment* maint,
Qui furent tormente jadis,
Ensi conquisent paradys.
Li tyrant, li felon Gyu
Nostre Signor meisme Diu
335 Clofichie en la crois pendirent,
Et a grant tort morir le firent
La gens a cui il est proumis
Et de Diu le pere tramis;
Au tierch jour se rescusita,
340 Voiant ses apostles monta,
Aussi comme devant dit a,
Em paradys, dont puis maint a
Avoec lui trait de ses amis
Et en sa gloire avoec lui mis,
345 Et fera pardurablement.
Or dois dont estre establement
Fors et prendre en gre povrete,
Et le malvais avoir plente,
Par l'example que je t'ai dit
350 Dou Ladre et dou Riche mendit.
      Mahommet ai entrelaissie,
Un example ai entrelachie
Bien couvignable a ma maniere.
A Mahom revenrons arriere.

---

324 *es* Ms. 330 *tormens* Ms. 350 *meudit* Mich.

355 Apries petit de tans fu mors
    Ses sires; si fist on au cors,
    Aussi com on dut, sa droiture.
    La dame remest en grant cure:
    N'avoit ne signour ne enfant.
360 Mahons le sert comme devant
    Et li pourvoit tout son affaire;
    Aussi com son signor siut faire;
    Par son sens et par son savoir
    Li mouteplioit son avoir,
365 Plus que faire ne siut asses.
    Si tost com li ans fu passes,
    La dame un jovene bacheler
    Propose a prendre, mais celer
    A Mahommet ne le vout mie,
370 Ains s'en est a lui consillie.
    Tout li descouvri son corage,
    Pour chou qu'ele le veoit sage.
    Ele dist: „Je sui en anui:
    Encore jovene femme sui,
375 Et femme est chose poi poissans.
    J'ai chamberieres et serghans
    Ki bien font mon commandement
    Et si ai maint bon tenement,
    Viles, cites, castiaus et bours,
380 Barons, castelains ai pluisours;
    Si sui remese sans mari,
    Dont jou ai molt le cuer mari.
    Pieche a que point de pere n'ai
    Ne mere, si que je ne sai
385 Comment che puisse gouvrener.
    Par ton los me voel assener;
    Bon conseil et loial me donne

366 *fut* Mich.

Et avenant a ma personne.
D'omme de grant chevalerie
390 Me pourvoi, c'on ne die mie:
„Ceste dame s'est avillie."
Pour chou que jou en toi me fie,
L'ai dit tout seulement a toi."
Mahons respont: „En bonne foi,
395 Et jour et nuit m'en penerai;
Par aventure trouverai
A vostre oes bien chose avenant,
Bonnement m'en irai penant;
Mais a painnes porres trouver,
400 Se li vrais Dex n'i velt ouvrer,
Ou s'il meismes ne le fait
Homme si saige et si parfait."
        Mahons de sa dame depart,
Pensans se il par auchun art
405 Avoir a femme le peust.
Ains que huit jors passes eust,
Mahons a sa dame revient;
Comme porpenses se contient,
Pour soi parole sagement,
410 Et bas regarde simplement.
Estre veritables se faint,
Vus le cuidissiez estre un saint.
Il parole par grant savoir;
Car sa dame velt dechevoir;
415 Maistres de retorique samble,
Tante soutil parole assamble;
Il dist: „S'omme de haut parage
Prennes, ki soit de jovene eage,
Ki soit biaus et chevalereus,
420 Par aventure ert amoureus;
Une autre de vous amera
Et de vous cure n'avera;

Ains scres en vilte tenue
Et, se vous em parles, batue.
425 Ensi vous ert fel et estous
Et si gastera vos biens tous
Par orguel et par sa luxure.
S'on ne met au retenir cure,
Tost est ale, che m'est avis,
430 Chou c'on a en lonc tans acquis.
Dont je vous lo en bonne foi
Que jovene homme plain de bufoi
Et fier pour ses haus parentes
A nul jour ne vous asseues."
435 „Mahom, bien croi que ja penses
D'auchun viellard ki bien senses
Est, or *me* dites vo pensee.
En lui serai bien mariee:
Il gouvrenera sagement
440 Moi et mes choses et ma gent;
Ensi sans grant cure serai.
Au viellart me marierai."
„Mais assamblee n'est pas bonne
De viellart et de femme joune.
445 Aniables et tost tornes
Est li viellars, bien le saves;
Ordure ist de ses iex et vient,
Et tous jors plus petis devient.
Il est foibles, il a le tous,
450 Et se li tramble li cors tous.
En lui n'a deduit ne reviel;
Il a souvent le makeriel,
Le ventre a tout plain de froidure,
Tous kenus devient par nature,

---

437 *ne* Ms.   444 *jonne* Mich.

455 A painnes puet il oir goute,
    Et si le tient souvent la goute;
    Il est adies plains de rihote;
    Chascun jour plus et plus assote;
    Il a le visaige fronchie;
460 Mais jovene dame a le cuer lie
    Et aimme festes et delis
    Et s'a coulour de flour de lis
    Meslee avoec coulour de rose,
    Contraire a toute l'autre chose
465 Que j'ai del viel homme contee.
    Se par plaie n'est mal menee
    Ou par auchune maladie,
    Avoec le viellart het sa vie.
    Et puis que il sont si contraire,
470 Se vous voles mon conseil faire,
    N'a viel *n'a jone* ne m'acort,
    Se croire voles mon acort."
    „Fole sui ki tant vous sermon,
    Voel jou ensaignier Salemon?"
475 „Dame, asses plus de moi savois
    Et nequedent veu avois
    Qu'a maint homme avient mainte fois
    Que il fait miex autrui esplois
    Et miels garde les autrui biens
480 Souvent que il ne fait les siens.
    Examples vous em puis mostrer,
    Bien le poes par moi prouver.
    Tous tans ai mis ma chose a terre
    Pour le vostre pourfit aquerre;
485 Et quant vostres maris vivoit
    De trestous vos serghans m'avoit

471 *nait il jone* Ms.

Au plus pourfitable esleu,
Si l'a on bien apercheu.
Je vous fui sages et loiaus,
490 Bien deves croire mes consaus:
Chou que je di, sachies de fi
Que je le di pour vo pourfi."
La dame a Mahom respondi:
„Or donques chou que tu vels di
495 Selonc raison, et jel ferai,
Volentiers ton conseil querrai."
Mahons asses plus asseur
K'il ne soloit, et sans peur
Commenche a dire son corage:
500 „Dame, dist il, trestout l'usage
Sai de vo court et de vo gent.
N'aves vile, ne tenement,
Ne rente nule, ne tenanche
Que jou ne *sache* de m'effanche;
505 N'aurois homme ki tant en sache,
Ne ki tant aint vostre avantage;
Et se je ne fuisse en servage,
A nul homme de haut parage
Ne porries miex estre donnee
510 Estre qu'a moi, n'estre assenee."
La dame plainne de mesure
Pour la parole ki est dure
De courous ne fait nule chiere.
Ains li respont en tel maniere,
515 Bielement, sans lui dire blasme:
„Ton conseil ne lo ne ne blasme
De tout en tout, car verite
M'as dit de la nobilite
Del jovenenchiel plain de posnee.

492 *vos* Ms. 504 *fache* Ms.

520 Tost a autre quise et amee
Et laissie sa femme espousee;
Ne je ne pris pas assamblee
De viellart et de femme jone,
Ne point ne me samble estre bone.
525 Bien m'as mostrees les raisons;
Si ne me seroit ja mais hons
Que je m'i peuisse acorder;
Ne je ne me puis concorder
Que nous peuissions estre ensamble
530 Par mariaige, che me samble;
Car la gens mesdiroit de moi,
Se jou me marioie a toi.
Quel raison trouver i poroie?
Moult miex estre morte volroie
535 Que la gens de moi mesdesist,
Ne que auchuns fel en desist
C'avoec moi euissies couchie
N'a moi eusses atouchie
Pour faire auchune malvaistie
540 Par lecherie ou par pechie.
Ja ne s'en porroient tenir,
Ains diroient pour escarnir:
„Il convient au desous jesir
No dame ki sieut signorir."
545 Ne me voel pas tant abaissier.
Desous moi ai maint chevalier
Et gens qui me doivent cherir:
Ne me daigneroient servir,
Se je te prennoie a signour;
550 Ensi perderoie m'onnour:
Ne feroient pas ton commant,
Ains nous iroient despisant;
Ensi par toi grant perte aroie
Et m'onnour amenuiseroie."

555   Mahommes em pais escoutoit
Chou que sa dame li disoit;
Il se test (et) em bas resgarde,
De parler un petit se tarde;
Ses iex eslieve, apries parole
560 A sa dame ki n'est pas fole,
Et li dist: „Bien me deves croire
Se je vous di parole voire;
Se vous me voles afranchir,
Ne vous estuet de riens cremir.
565 Vous n'aves homme ne serghant
Ne chevalier nul si poissant
Que ne sousmete par paour
U par forche ou par grant amour.
Ja n'i trouveres si grant sire
570 Ne si bas, ki en ost mesdire;
Ja de vous fors bien ne diront.
Vos biens, vos honors croisteront,
Car je le saurai bien pourquerre;
Nes les chevaliers d'autre terre
575 Ferai vos hommes devenir.
Se je menc, faites moi fenir
A tourment et a grant martyre.“
    Quant la dame li ot chou dire,
Dist li que volentiers fera
580 Chou que sa gens li loera,
Et bien velt faire par conseil.
De chou mie ne m'esmerveil.
    Mahons de la sale s'en ist;
A chascun des haus barons dist,
585 Si tost com ot et liu et tans,
Em proiant, k'il li soit aidans;
Car il en a moult grant mestier.
A l'un promet maint bon destrier,
A l'aultre armeures d'achier

590 Et quanque li mondes a chier.
  Tant a par sa promesse fait
  Qu'a s'aide a chascun atrait;
  Ensamble les a aunes
  En un liu ou les a menes.
595 Quant tuit li orent en convent
  K'il li aideront loiaument,
  Tout son corage lor descuevre
  Et lor proie que chascuns oevre
  Et mete painne qu'afranchis
600 Soit de sa dame, et ses maris;
  Et k'il li voellent par amour
  Porter reverenche et honnour,
  Aussi comme cascuns faisoit
  A son signour, quant il vivoit.
605 Avarisce est de tous pechies
  Commenchemens, dont entechies
  Furent malement li baron
  Ki voelent faire avoir Mahom,
  Qui estoit devant sers, leur dame,
610 Por ses grans dons avoir, a fame.
  Par devant si signour estoient,
  Par dons a lui se sousmetoient.
  Ensamble a lor dame s'en vont;
  Chou que de Mahom oi ont
615 Li voellent enorter et dire:
  „Dame, dient il, se nos sire,
  Ki si estoit sages et fors,
  Par le plaisir Diu ne fust mors,
  A painnes trouvissies nului
620 Ki ja vous osast faire anui;
  Bien vous seust tous seus tenser,
  Ne vous en convenist penser.
  Mais puis que il est trespasses,
  Et atendu aves asses

625 Et que remese estes sans oir,
Un autre vous estuet avoir.
Ne porries vo terre tenir
Seule ne la painne souffrir;
Mais il samble que chaste fustes
630 Tant con vostre mari eustes;
Encor en estes renommee.
S'est vo compaignie assamblee;
S'encor aves si fait propos
Que vous le laissies par no los,
635 Ja mais tel propos ne tenes:
Nous proions que signor prenes.
S'oir ne laissies en vostre terre,
Apries vo mort par mortel guerre
Sera vostre terre assaillie,
640 Chascuns en volra sa partie,
U cil le volra toute avoir
Ki le plus aura de pooir;
Chelui qui le contredira
A l'espee morir fera;
645 U nous serons emprisonne
Et trestuit a la mort donne,
Se encontre lui nous tenons
Et nous si serf ne devenons.
S'a nostre conseil assentir
650 Ne vous volies, tel mal sentir
Nous feres, com nous avons dit.
Or n'en faites pas escondit;
Il vous convient mari avoir
Et nous signour, par estavoir."
655   La dame lor respont et dist,
A cui la parole abielist:
„Se par devant propos eusse
Que marier ne me deusse,
Si l'auroie jou tost laissie

660 Et par raison et pour pitie;
Mais talent n'ai que propos tengne
Ki de vostre conseil ne vengne.
Or me queres donques personne
Ki me soit avenans et bonne,
665 A moi et a vous pourfitable:
Nequedent, se mains convenable
Estoit a moi que ne deust,
U en soi mains nobleche eust,
Ja vo conseil ne despiroie,
670 Sans contredire le feroie. "
Tout maintenant la compaignie,
Lues que la parole a oie,
Li proie qu'ele lor proumete
Et que n'en fache longhe dete
675 De faire lor volonte toute.
La dame l'otroie et escoute
Un chevalier, viel homme et sage
Et bon clerc et de haut parage,
Ki commenche conter et dire
680 Comment Dame Dex Nostre Sire
Tout le mont par aighe noia,
Quant le grant deluve envoia
Pour le criminable pechie
Dont tuit estoient entechie
685 Adont fors seulement huit ames:
Noe et ses fils et lor femmes.
On trueve en un livre devin
Que Noe, par forche de vin
K'il but, s'endormi descouvers;
690 Un siens fils, com fel et cuivers,
Rist quant il vit ensi son pere
Et le monstra a *Sen* son frere

---

692 *seu* Ms.

Et a Jafes, ki le couvrirent,
Honteus de chou que nut le virent.
695 Si tost com Noe le seut,
Tel honte et tel anui en eut
K'il le maudi et en servage
Le fist estre tout son eage.
Tuit furent au commenchemant
700 Franc et gentil communaumant;
Mais pour chou que Adans pecha,
De pechie tous nous entecha:
Dont uns enfes maintenant nes
En seroit en ynfier penes,
705 Se par batesme non n'eust
Et par grasce avant k'i morust.
Adans nous a par un seul mors,
Si malement honnis et mors
Que ne poons pechie fuir
710 Et que tous nous convient morir.
Avoir eschive le peust,
Se le commant Diu fait eust
Adans et sa femme ensement,
Et chascuns hom communement
715 Fust frans et en cor et en ame.
Pour chou le vous ai dit, ma dame,
Que nel savies, par aventure;
Car veu l'ai en escripture —
Ne croi pas a muable chose —
720 Se la sentense en ai esclose.
Ensi vint servages avant.
Ki de pechie se va lavant
En molt grant franchise se met;
Quant a Diu servir se sousmet,

---

712 *Dieu* Mich., *diu* Ms.

725 Ses fils devient, et il ses peres,
S'est rois des rois et empereres;
Dont ne le puet on pas serf dire.
A tesmoing en trai Nostre Sire
Et saint Jeban l'Ewangeliste
730 De la parole Diu maistre:
A cest tesmoing doit on bien croire;
Tos jors est sa parole voire.
Dont doist estre frans et gentis
Hom loiaus et entalentis,
735 Vivre sans nule male teche
Et *bien* soi garder k'il ne peche.
Dame, sers aves a plente;
Mais en l'un a plus grant bonte
Asses k'il n'a es autres tous;
740 A un besoing fiers et estous
Seroit, vigereus molt et fors;
Et si est avenans de cors,
Bien taillies, de menbres adrois;
Il seroit dignes d'estre rois,
745 Car il est sages et apers,
Se ses linages ne fust sers."
Aussi com se ne seust mie
La dame que de Mahom die,
Respondu li a en faignant:
750 „Ne sai que vous m'ales loant;
Moustres le moi; s'il est si fais,
Frans par vo conseil sera fais."
    Mahom amainnent en present:
Affranchi est isnielement,
755 Et dou mariaige ont traitie.

----

732 *l.es iors* Ms., *tos jors* Mich. 736 *vient* statt
bien Ms. 754 *Affranchi* Ms., *affranchi* Mich.

La besoigne ont si esploitie
Que l'uns et l'autres s'i assent.
Mahons sa dame a femme prent;
Li baron demainnent grant joie,
760 Mantiaus et robes font de soie;
En haut font tendre les cortines,
Ou il a estoires devines
De la loy *anciienne* pointes,
De maintes bonnes coulors taintes.
765 Mains haus prinches i est venus;
N'i remaint hom ki vaille nus.
Tante dame avenans et biele,
Et tante noble damoisiele,
Tant borjois et tant eskuier,
770 Ki portent maint hanap d'or mier
Et mainte piere precieuse.
Mainte viele deliteuse
I aportent li jougleour,
Mainte baudoire et maint tabour;
775 Harpes, *gigues* et cyfonies
Sonnent, et canchons envoisies.
Dou mangier k'iroie contant?
Tantes pertris et tant *faisant*
I ot, maint cisne et maint poon,
780 Tant hairon et tant bon poisson.
Piument i boit on et clare
Et vin de Toivre et de Ferre.
N'est nus ki le peuist conter
Ki ne convenist mesconter.
785 Molt i ot demene grant feste;
Mais tost fu muee en moleste:

---

763 *anciiennes* Ms. 775 *gignes* Ms., *gigues* Mich.
776 *sonnent* Mich., *souuent* scheint Ms. zu haben. *ennoisies* Ms.
778 *faisans* Ms.

Molt souvent voit on avenir
Grant joie a dolour revertir.
Mahons chai de passion
790 Devant la congregation;
Molt oriblement se dejete:
Li oel li torblent en la teste,
De sa bouche ist escume fors.
La dame cuide k'il soit mors,
795 Molt forment pleure et sa maisnie;
En sa chambre s'en est fuie,
L'uis a clos a le serreure,
De nul confortement n'a cure.
En Mahom avoit grant fianche,
800 Or a perdue s'esperanche.
Son bliaut de pourpre descire,
Ses crins desront et trait et tire,
Son vis a ses ongles depieche,
Pasmee s'est une grant pieche.
805 Mahous revint de pasmisons,
Bielement parole as barons:
„Molt estes tristres devenu
Pour chou k'ensi m'est avenu:
Bien sai que grant duel en aves.
810 U ala ma dame, saves?“
Il respondent: „Ele est alee
En ses cambres toute effraee.“
Un messaige i a envoie;
Mais il trouva l'uis verrouillie;
815 La dame od soi pas n'amena.
Mahommes meismes i va,
Il dist: „Ma dame, od moi venes,
Et si grant duel ne demenes.“
Ele se taist, cil l'uis deboute:

817 *dit* Mich.

820 „Dame, dist il, n'oes vous goute?"
    Tant a hurte, l'uis ouvert a.
    Qu'il se teust, molt li proia,
    Mais tant ne li set enorter
    K'elle se voelle conforter.
825 Mahons bielement la blandist.
    La dame en reproche li dist,
    Ele li blasme son servage,
    Et cil loue son haut parage.
    Il sueffre chou qu'ele velt dire,
830 Ja soit chou k'il en ait grant ire,
    Pour chou qu'anchois se voelle taire
    Ou pour plus a s'amour atraire;
    Il dist: „N'i valt plorer ne braire,
    Cou ki est fait, n'est pas a faire."
835   La dame un petit s'apaia,
    Mahom a laidengier laissa.
    Quant Mahons le vit apaisie:
    „Dame dist il, sage et prisie,
    Se vo serghant voles oir,
840 Cele chose, dont resjoir
    Vous deveries, vous conterai,
    Ne ja de mot n'en mentirai."
    La dame a Mahom respondi:
    „Or donques chou que tu vels di,
845 Sans moi dechoivre par tes dis,
    Aussi com tu as fait tous dis."
    Mahommes respont: „Se mentir
    M'oes, bien me voel assentir
    Que me faites la langhe traire."
850 La dame li proumet affaire.
    Mahons li dist isnielement:

---

823 fehlt bei Mich.

„Orains cuidastes vraiement
Que g'eusse grant maladie,
Dont vous fustes molt esmaie.
855 Quant a la terre m'estendi,
Li angeles sour moi descendi.
Molt est foible humainne nature:
Ne poi si haute creature
Souffrir c'a terre ne cheisse,
860 Non pas pour chou que mal sentisse,
Ja soit chou qu'ensi escumasse
Et laidement me demenasse.
Mais oies que Dex m'a mande
Et par son angele commande.
865 Ensi com noncha l'aventure
Gabriel a la Virge pure
De Jesu qui devoit venir,
Ensi les choses a venir
Me moustre par chelui meisme,
870 Par sa pitie douche et saintisme.
Les premerains mist en anoi
Chou k'il trespasserent la loi
Qui donnee ert selonc nature;
Mais Moyses en escripture
875 Rechut la loy de Nostre Sire,
As gens l'ala mostrer et dire,
Car Nostre Sires li tramist;
Le commandement Diu promist
La gens a tenir volentiers;
880 Mais tost laissa les drois sentiers.
A tous les mors par ces raisons
Estoit adonc justes maisons;

856 *angeles* Ms., *angles* Mich. 869 *meesme* Ms.,
meisme Mich. 882 *massons* in *maisons* gebessert Ms.,
massons Mich.

Mais Dex ne nous valt perdre mie
Ne ma dame Sainte Marie
885 Ki le norri et l'alaita,
En bers le leva et coucha.
Cil dont li angele font tez festes
Jut en la creche avoec les bestes,
De drapeles envolepes
890 Et a grant povrete donnes.
Cil ki toute rikeche avoit,
Pour homme povres devenoit.
Toute rien d'omme a semenchie
Ensi fors seulement pechie.
895 A ses amis vertus suir
Commanda et pechie fuir;
Il despit les orgillous tous
Et si aimme les cremetous
Qui l'apielent en verite;
900 Il prisa plus virginite
Que mariaige, nequedent
Onques ne fist commandement
Ensi comme de mariaige,
Pour acroistre l'umain linage;
905 D'un seul tout seulement aune
En bonne loiaute commune;
Car cil qui autrement assamblent
De Nostre Signor se dessamblent.
Il dist: „Chascuns fache a autrui
910 Chou que il velt c'on fache a lui."
Il osta circoncision;
Par aperte moustracion
Nous descouvri mainte figure
Qui par devant estoit oscure:

909 *autru* Mich.

915 Ensi fu la loys premerainne
    Parfaite par la daerraine.
    Ensi com nostre sire Dex
    Tes choses ensaigna as *Giex*
    Et as Phariseus parvers,
920 Il li jetoient de travers
    Maint oscur dit pour lui reprendre;
    Mais onques ne le porent prendre
    K'il desist auchune folie.
    Pour chou disent par trecherie
925 Contre lui maint *fol* tesmoignage;
    Mais onques de la gent sauvage
    Li baras riens ne pourfita
    Que partout contre li dit a
    Dusques a chou k'il le souffri
930 Et qu'en la crois pour nous souffri
    Ou il souffri mainte durte.
    Les siens osta de l'oscurte
    D'ynfier dont ert deshiretes.
    Au tierch jor fu rescusites.
935 A ses desciples apries vint;
    Mais adonques ensi avint
    Que sains Thumas mie n'i fu.
    Quant si compaignon l'ont veu,
    Plus tost k'il pueent li ont dit:
940 „Nous avons veu Jesucrist.“
    Il dist que ja ne le querroit
    Dusques atant k'il le verroit.
    Pour chou revint a lui apries
    Jesu et de lui se traist pries,
945 Et dist: „Or boute chi ton doit,
    On doit bien croire chou c'on voit.“

---

918 *Griex* Ms. 925 *fols* Ms.

Sains Thumas commencha a dire:
„Vous estes mes Dex et mes Sire."
Jesucris dist: „Tu m'as creu,
950 Thumas, pour chou que m'as veu,
Et cil bon eure seront
Qui par vraie foit me creront.
Avoec ses desciples manja
Pour chou que la gens *creanche* [i] *ait*
955 Que il est Dex en char humainne.
La loy commanda cristiainne
A ses apostles par la terre
Semer et les ames conquerre.
Apries es sains cius s'en ala,
960 Dont li sains Espirs avala
Quant es apostles descendi.
Infiers lues cascuns entendi
Et lor raison et lor parole,
Tant par furent de sage escole.
965 A preechier molt entendirent,
Par toutes terres s'espandirent,
Maintes gens crestiienner firent.
N'estoient pas espoente,
Ains avoient grant volente
970 De souffrir u mort ou martyre
Pour avoir l'amour Nostre Sire;
Et cil ki li plus haut estoient,
Plus des autres s'umelioient,
Et cil ki soloit estre a aise,
975 Voloit por Diu estre a malaise;
En liu de porpre et d'escarlate
Se vestoit de sac et de nate;
N'estoient pas malicieus,

---

954 *cranche* Ms., *i a* Ms. 962 *Infier* Ms.

Saint erent et religieus
980 De la loy au commenchement.
Mais orendroit vait autrement,
Pechies sa poeste eslieve:
Li uns parens a l'autre grieve,
Li freres germains a son frere,
985 Li fils la mort desirre au pere
U de sa mere, pour avoir
Son heritage et son avoir:
A painnes est nus sans envie,
Sans orgueil et sans felonnie.
990 On aimme miels doloir le ventre
Que li bons morsiaus dedens n'entre;
Les commans Diu vont despisant.
Que vous iroie jou disant?
Tous li mondes est entechies
995 De mal et de vilains pechies,
Et Jesucris ne morra mais
Pour rachater bons ne malvais;
Si ne nous velt pas tous perir
Qui la loy ne poons tenir,
1000 Si grant fais nous alegera,
Batesme del tout ostera,
Uns hom dix femmes avera
Ne ja point ne s'en meffera;
Par Gabriel le m'a mande
1005 Nostre Sires et commande.
Les autres choses pourvera,
Quant lius et tans en essera.
Ensi toutes les fois m'avient
Que sains Gabriaus en moi vient
1010 Que si faitement me demainne;
Mais je ne sueffre nule painne,
Et lues qu'el ciel s'en vait arriere
Revaing del tout a ma maniere,

Et molt ai dedens moi grant feste
1015 Quant je sai le secre celeste.
A vous seule l'ai fait savoir,
Si en deves grant joie avoir."
    Quant Mahons a a s'espousee
Si faite merveille contee,
1020 Bien le cuide avoir dechene;
Mais ele un molt lait dit li rue
Et li dist: „Bien escoute t'ai,
Fel plains de venin et derai,
Je cuidai que voir me deisses
1025 Et que de mot ne me mentisses;
Car tu l'avoies creante;
Or m'as dit si grant fausete
Et menti contre ta promesse.
Perdre ta langhe menteresse,
1030 Par droit lues que tu me mentis,
Par foi, car tu t'i assentis,
U estre jetes en un puis,
A grant painne tenir m'en puis."
    Mahons respondi a s'espeuse
1035 Pour chou k'il le vit angousseuse:
Bien connissies le saint hermite
Qui est hom de haute merite,
Boune seurte vous en doing,
Car jou l'en atrai a tesmoing;
1040 Atant vous en deves tenir,
Il seit les choses a venir,
Bien en deves estre asseur.
Nus ne l'en feroit par peur
Ne par don ne par autre affaire
1045 Mentir ne trecherie faire;
Il a le cuer loial et vrai;
Se les choses que dit vous ai
Pour voir, li oes denoier,

Faite m'ardoir, pendre u noier."
1050 „Jou irai demain, dist la dame;
Mais foi que doi mon cors et m'ame,
S'il dist que tu ne dis pas voir,
Je te ferai pendre u ardoir."
Mahons dist que bien li otroie;
1055 Mais ains mienuit prent sa voie,
En la haute montagne monte,
A l'ermite vient se li conte
Tout son affaire sans mesconte
Et de sa dame et de sa honte;
1060 Il dist: „Vous saves bien asses,
Nequedent trois ans a passes,
C'autre fois chaiens me veistes:
Bien sai c'adonques me deistes
Que la lois par moi periroit
1065 Et sainte fois a nient iroit
Et batesmes et mariaiges,
Virginites et pucelaiges
Et mainte autre vertus prisie
Et mainte bonne prophesie.
1070 Ains le sai que j'aie veu,
Se Dex ensi l'a pourveu,
Dont commant il que faites soient
Par moi et ke les gens les voient.
Se la loys est ensi destruite
1075 Ki par Jesucrist est estruite,
Ja mais ame ne sera cuite
De pechie, ne n'i aura fuite
Que tuit en enfier ne descendent
Et que painne et torment ne sentent,
1080 Et em paradys n'ira nus

Haus ne bas, jones ne quenus.
Nequedent, se croire me veus,
Bien porra estre mains greveus
Li maus et a mains de damage,
1085 Quant tout li crestiien linage
Aurai fait a *dure* mort traire,
Fors toi que ne te laisse faire
Nul mal, qui es sains hom et simples,
Ni a nesun de tes desciples,
1090 Ensi par les vertus devines
Porront de petites rachines
Naistre grans pules crestiains.
Adonc li respondi li sains:
„Jure que tu ne defferas
1095 Le temple et que tu ne feras
Nul mal n'a moi n'a mes amis.
Quant jure l'auras et promis,
Faire ta volente otroi,
Se contraires n'est a la foi.“
1100   Mahons a l'ermite respont,
Quant il ot pense en parfont:
Mainte chose samble contraire
A Jesucrist que on puet faire
Molt bien quant on i a pris garde:
1105 Bons est li maus ki le pis garde.“
„Voirs est che, li dist li hermites;
Or donc vostre volente dites;
Mais que me voellies loiaument
Tenir chou que m'aves couvent.“
1110 Mahommes a tenir li jure,
Toute li conte s'aventure,
Comment sa dame a espousee

1084 *maint* Mich. 1086 *durte* Ms.

De noble gent emparentee,
Chascuns par son grant sens le prise.
1115 „Nouvielement l'avoie prise,
Venus estoie a grant nobleche;
Mais tost fu muee en tristeche
La grant joie ke vous ai dite,
Car de maladie soubite
1120 Chai devant les pies ma dame;
Il sambla vraiement que m'ame
Se deust departir dou cors.
Lues que fui de la dolour fors,
A ma dame dis que n'avoie
1125 Nul mal et que ensi m'envoie
Par son archangele Gabriel
Dex dou ciel son secre nouviel;
Ensi le cuidai faire accroire;
Pour chou qu'ele ne me velt croire
1130 Li dis que les tiesmoigneries
Et que mes tiesmoins esseries:
Si que demain a vous venra
Et si le vous *demandera*.
Pour chou sui au devant venus.
1135 Fai tant que je soie creus;
Saches tu bien, se tu le fais,
Toi et les tiens lairai em pais;
Et se ensi ne le veus faire,
Tous vous ferai a la mort traire,
1140 Et les desciples et les maistres
Que nus n'en puisse mais renaistre.“
Li hermites respont et dist —
Pour sauver la loy Jesucrist,

1118 *ke je vous* Ms. 1133 *demanderai* Ms., *demandera* Mich. 1140 *le maistre* Mich.

3*

A Mahom a tout otroie,
1145 Ja soit k'il li ait anoie —
K'il dira chou que dit li a.
Mahons pas ne se oublia,
Ains revint devant l'ajornee;
En son lit se couche a celee.
1150 Lues que la dame fu levee,
Pour savoir la chose est alee
Au renclus; mais pas ne savoit
Que Mahons este i avoit.
Lues qu'ele li a aconte
1155 Pour coi ele a le mont monte,
Chou que Mahommes li ot dit,
Li a li hermites che dit.
Loenges m'en convenra faire
De lui, selonc mon examplaire;
1160 Nequedent je croi vraiement
Que li examplaires me ment,
Pour chou q'aida a tesmoignier
A Mahommet, le losengier,
Que li angeles a lui venoit,
1165 Quant li vilains maus le prennoit,
Et que loy nouviele feroit
Ki de par Diu faite seroit.
La dame s'en revint molt lie
De chou qu'ele est a compaignie,
1170 Par mariaige, avoec tel homme
A cui Dex velt donner la somme
D'une autre loy renouveler
Et a son siecle reveler.
Ensi la dame le cuidoit,
1175 Pour chou pardon li demandoit

1154 *a conte* Mich.

Qu'encontre lui avoit este
Et encontre sa volente.
Comme son signor puis cele eure
De cuer l'aimme, crient et honeure;
1180 Ja n'a talent que li meffache
Ne que sour lui dame se fache.
    Quant Mahons a apercheu
K'il a sa dame decheu,
. Grant joie a en son cuer mene
1185 De chou que si bien s'a pene
Qu'a tesmoing a eu l'Ermite.
Tel chose a a sa dame dite:
„Dame, or croi bien que vous saves,
Puis c'au renclus este aves,
1190 Que de rien menti ne vous ai;
Mais une chose vous dirai
Que vous comme sage feres:
Toutes les fois que vous verres
Saint Gabriel en moi venir,
1195 Que ne me porrai soustenir
Ne la vertu dou chief souffrir,
Que vous me faites lues couvrir
De precieuse vesteure;
Et si i metes molt grant cure
1200 Dusqu'a tant que li angeles Dis
Soit remontes em paradys,
Pour chou que, se je sui veus,
Quant a terre serai cheus,
D'auchun a cui ne soit seus
1205 Li secres Diu, toz esmeus
Ne soit ou trop espoentes.",
La dame dist: Vos volentes

1202 *suis* Mich.

Et vos commandemens ferai,
Molt volentiers m'en penerai.
1210 De mes hommes nus si hardis .
Ne sera en fais ni en die
Ja mais qui chou fache ne die
U point aies de vilonnie.
De chou bien asseur te tien;
1215 Plus que mien nest che que j'ai tien.
 Mahommes par s'iniquite
De molt plus grant auctorite
Se fait que estre ne soloit.
Rire ne bourder ne voloit;
1220 A painnes le congnost mais nus;
Il pert que del ciel soit venus.
Un celier fist faire soutil
Sous terre, u nus n'aloit fors il.
La dame cuidoit k'il l'eust
1225 Fait faire pour chou k'il peust
La prier Diu sans nule cuivre
De gent, por plus loiaument vivre
Par le commandement devin.
Un veel de pain et de vin
1230 I nourissoit molt netement
Tout blanch, et par ensaignement
L'avoit si duit et affaitie
Que lues s'avoit agenoillie
Devant ses pies, si k'il samblast
1235 Que li veeles l'aourast,
Ne ja partir ne s'en volsist
Dusques a chou k'il li fesist
Auchun signe de relever,
Ja tant ne li deust grever.

1215 Ms. *nest, n'est* Mich. 1220 *connoist* Mich.

1240   Apries petit de tans avint
Que li chevalerie vint
A Mahom, ki l'avoit mandee
A une grant feste criee.
Molt i fu grande l'assamblee
1245 Des chevaliers de la contree
Et des dames et des pucieles,
D'escuiers et de damoisieles.
Baron, chevalier, chastelain
Furent par aus, et li vilain
1250 De l'autre part lor liu avoient.
Les dames par eles estoient
De la terre selonc l'usage.
Femme est de molt legier corage
Tost a dit parole volage
1255 Quant pense l'a, ou fole ou sage.
Chascune loe son baron
Par devant la femme Mahon.
Pour chou prist a loer le sien:
„De vos barons dites grant bien,
1260 Che dist: mais ou mien en a plus.
De la grasce Diu est emplus
Et dedens son cuer arouses
Mahons, mes sires espouses.
Diex par son angele li reviele
1265 Que il velt faire loi nouviele.
A painnes dire le vous ose;
Mais se n'estoit celee chose,
Je vous diroie tel merveille
C'ains ne fu oie d'oreille."
1270 Toutes loiaument li otroient
Et qu'ele lor die li proient.

1267 *cestoit* Ms.

Adonc lor a tout aconte
Chou que Mahons li ot conte.
Chascune s'en esmervilla
1275 Quant oie la nouviele a.
Dient: „Bien estes euree
Quant a lui estes mariee."
    Quatre jors ont demene tuit
Laiens grant feste et grant deduit.
1280 Apries sont de la cort parties
Les gens (et) vont en lor parties.
En lor osteus n'ont pas teu
Chou ke par defors ont veu.
Dient: „Cil est sages et preus,
1285 Et cil autres chevalereus."
Et com ensi s'entreloassent
Mahom lor signor pas n'abaissent:
De bonte est plus renommes
Que nus hom qui i soit nommes;
1290 Nequedent pas oi n'avoient
Tout chou que lor femmes savoient,
Ki apries a lor signor dirent
Chou que de Mahommet oirent.
Le secre lor dames desploient
1295 Que Mahommes, avant que soient,
Set les choses par l'angele saint.
N'i a un seul qui ne s'en faint
Et que li sans ne li remue,
Quant la parole a entendue.
1300 Les dames dient k'il doit faire
Une loi nouviele et estraire
Par le commandement de Diu
Chi apries en tans et en liu;
Car trop est a savoir oscure

1281 *et* fehlt im Ms. (Rasur). 1301 *estraite?* Ms.

1305 La lois que nous tenons, et dure;
Si le nous velt Dex amender
Et par Mahommet commander.
Trestuit s'esmerveillent et dient:
„Dex! tels choses que senefient?"
1310 Ne le cuident pas si honeste
Que cis biens soit dou Roi celeste,
Si q'il cuident faire pechie;
Car bien le voient entechie
De chou que au deseur se met
1315 De toute rien dont s'entremet;
Et pour chou que certain en soient,
Arriere a la court s'eravoient.
Toute la baronnie ensamble
Mahom apielent, che me samble.
1320 Il vint, n'i a pas demoure.
Li baron l'ont tant honore,
Et il lor fait molt biele chiere;
Assis est en une chaiere
U il resplendist mainte piere,
1325 Ki molt est preciouse et chiere,
Dont li fus estoit de cypries.
Li anchiien sont de lui pries;
Apries sont li jone baron
De cha et de la environ.
1330 Il dist: „Bien soies vous venu;
Pour coi vous estes revenu
Ne sai, se vous ne le me dites."
A l'un, qui ert de gens eslites
Et honeres de son linage,
1335 Ainsnes et des autres plus *sage*,
Avoient baillie la parole
Et proie que por aus parole.

_____

1335 *sages* Ms.

Chil simplement commenche a dire
„A vous, comme serghant, biaus sire,
1340 Lige et souverain, venu sommes.
Plus loiaument ames vos hommes
Que ne font li enfant lor pere
Et que ne fait son fil la mere.
Seur sommes par vos defois.
1345 Sachies bien que toutes les fois
Qu'oommes bien dire de vous,
Plus lie en sommes que de nous;
Mais orendroites vous renomme
Renommee plus que nul homme.
1350 Puis que vous de Diu si bien estes
Et de ses archangeles celestes
Que li vrais Dex velt par vous faire
Les choses que il a a faire,
Haute chose celestiane,
1355 Estes vous Dex en char humainne?
Donques vous doit on honorer,
Faire moustiers et aourer
Et proier par pensee monde
Qu'apaisies voellies estre au monde.“
1360 Mahons dist: „Pas ne me voloie
Vanter, por che propos avoie
De taire m'ent toute ma vie;
Mais ore ne le ferai mie,
Car pechie cuideroie faire
1365 Del voloir Diu repondre et taire.
Liu et jour vous voel assener —
Et Dex nous i voelle mener! —
Ou je vous puisse descouvrir
Le voloir Diu et aouvrir,
1370 Comment le fait vielt m'enroiier

1360 *dit* Mich. 1370 *velt* Mich.

De la loy, si voel envoier
Letres par mainte estraigne terre
Pour faire toute la gent querre
K'il soient au jour et au liu
1375 Pour oir la volente Diu."
　　Semons furent, tuit sont venu
Au jour, au liu, grant et menu.
S'a Mahons concile tenu:
Toute la gens li fait silenche;
1380 Il est de si grant eloquenche
Que merveille est se la gens toute
Ne le croit, ki l'ot et escoute.
Pour chou briement m'en passerai,
Que devant conte le vous ai;
1385 Que la loys Moisy revaigne,
Et toute la gens se *raaingne*,
Que la nouviele soit quassee
Et la vielle soit restoree,
Et charneus circoncisions,
1390 Et que dix femmes ait uns hons
Et dix maris ait une femme
Sans nul pechie et sans nul blasme
Dont jamais doie estre reprise.
Mainte chose lor a proumise
1395 Qui apries dite lor sera,
Lues que Dex le commandera.
Quant il lor a chou aconte,
En une montaigne monte
S'en sont par son commandement;
1400 Lors lor dist que premierement
Fu en un mont la loys donnee,
Et de Moysi raportee
En deus tables de pierre escrite.

_____

1386 *raigne* Ms.

Voire parole lor a dite:
1405 Ensi soutilment les dechoit;
Car devant par enghien avoit
El chief del mont un conduit fait
De miel et un autre de lait,
Et si couvers de vers wasons
1410 Que (ne) le trouvast ja mais hons.
Li toriaus estoit pres de la
Repus, ki si blanche piel a,
Que Mahommes avoit de pain
Norri et de vin cler et sain.
1415 La loi ki par devant est dite,
Que Mahommes avoit escrite,
A en ses cornes atachie.
Lues que pries vint la compaignie
Mahons commande c'on se taise.
1420 Agenoillies la terre baise,
En haut commenche a sermonner
De la loy que Dex adonner
Lor voloit si com dit lor a.
Mais maint illuecques encor a
1425 Des barous ki parler l'ooient,
Qui quan k'il lor dist pas ne croient.
Mahommes a dit a ses hommes:
„Devotement Diu requerommes
Que, s'il li plaist, en ceste plache
1430 Auchun signe certain nous fache
U auchune senefianche
Par coi soions en esperanche
De la loy k'il a a donner.“
A la terre, sans mot sonner,
1435 Chascuns a genillons se ploie
Et Diu devotement em proie.
Quant Diu ont proie longhement,
Releves est premierement

Mahons s'a pris des plus senes,
1440 Avec soi les a amenes
Ou mis ot le lait et le miel.
Ses mains et ses iex lieve au ciel,
Diu commencha a proier lues:
„Diex, dist il, peres ki tot pues,
1445 Ki tout as fait par ta parole,
Beste, poisson, oisiel ki vole,
Pere glorieus ki ne mens,
Ki par tes sains commandemens
As crie les quatre elemens
1450 De nient et tout lor tenemens,
Qui vo fil el monde envoiastes,
Par lequel tous nous rachatastes,
Par cui la loys nous fu donnee:
Qui bien le tient, s'ame a sauvee;
1455 Mais li mondes ja afaibloie,
Mains biens perist et se desvoie,
Amenuisies en soit li fais
Par signe qui soit ichi fais,
Ki ne soit mie acoustumes,
1460 Dont li peules soit coustumes,
Et ki te sente deboinaire
En ceste loi ki est a faire.“
Quant eut sa proiere fenie,
Dou haut mont en une partie
1465 Par barat va et cha et la,
Le liu descuevre ou le miel a
Repus et la liqueur del lait;
S'asaie quel saveur ele ait,
Ensi com se rien n'en seust,
1470 Qu'aperchevoir ne s'en peust
Auchun. Tuit ont apries lui but
Par ordre si com chascuns dut,
Li grant signor premierement

Et li autre darrainement;
1475 Mais nus ne s'est apercheus
Que par barat soit decheus.
Leur mains et leur vois esleverent;
Nostre Signor ensi locrent.
    Mahons par sa boisdie pleure,
1480 Sa coupe bat et Diu aeure;
Il dist: „Bien devons Diu amer,
Et comme pere reclamer,
Ki par tele douchour nos mainne,
Que loi nouviele nous ramainne;
1485 Car par le miel est figuree
La loys ki nous sera donnee,
Et par le lait, qu'i est, nos peres
Ki nous oste les loys ameres.“
Apries ne s'est mie teus,
1490 Em plourant tos les a meus;
Adonc sa gent araisonna:
„Or proions a Diu ki donna
Jadis la loy a Moysi
En la montaigne Synai
1495 Que par grant carite envoit
Escrite de son petit doit
Et nous voelle certefiier
Quel loi il nous vaurra baillier.“
Et quant il parle ensi a,
1500 En haut Nostre Signour pria
Et si durement s'escria
Que maintenant entendu l'a
Li toriaus et la vois oie:
Trestout maintenant se deslie,
1505 Car n'estoit pas molt fort loiiee;

1487 qui Ms. und Mich.

A Mahom vient, agenoilließ
S'est devant lui et si l'aeure;
N'i remaint nus ki n'i aqueure.
Entre ses deus cornes portoit
1510 Les loys que Mahons fait avoit
Et de ses propres mains escrites.
Soutius est li fel ypocrites,
Samblant fait k'il s'en esmerveille,
Pour plus acroistre la merveille;
1515 Ensi com de rien n'en seust,
N'onques mais veu ne l'eust,
As barons dist: „Avant venes,
L'escrit k'il aporte prennes,
Que nous envoie Nostre Sire,
1520 Et si le faites en haut lire."
Cil l'ont fait, les loys ont troveeß
Que Mahons avoit controuveeß
Par son barat et par ses fais:
Que ne soit mais batesmes fais
1525 A homme, ni espousemens,
Ne nus des autres sacremens;
Faite soit circoncisions
Et de bestes oblations,
Et c'une femme ait dix barons
1530 Et que dix femmes ait uns hons,
Et que les geus de toutes terres
K'il porront sousmetre par guerres
Fachent de lor loy devenir.
Chiaus qui ne le volront tenir,
1535 Ne par forche ni autrement,
Fachent lues livrer a torment
Si k'il soient mort et mate,

1515 *se* Mich.

Se d'avoir ne sont rachate,
U en oscure prison mis
1540 Et en lor servage sousmis,
Communement femme et enfant,
D'oir en oir a tout lor vivant.
Et mainte autre que dit vous ai,
Et ne sai quans, dont me tairai.
1545 Car molt me samble grans anois
Dire une chose tante fois;
Mais nus ne vous porroit descrire
Del tout, ne raconter, ne dire
Les loenges que faites ont
1550 De chou que si saint homme s'ont.
Molt le cuident estre saint homme
Plus que l'apostoile de Romme;
Molt cuident en lui loiaute.
Dou toriel loent la biaute:
1555 Sour lui n'a ordure ne trache;
N'a pas este norri en crache;
Il a coulour comme noif blanche
Si n'a mie maigre la hanche.
Simple le virent et privé,
1560 Il le cuident tout abrieve
Lues estre dou chiel descendu.
Par huit jors se sont entendu
Li baron a grant feste faire;
Puis vait cascuns a son repaire
1565 Molt lie, quant le congie a pris.
Mahons, qui est de mal apris,
Tous seus son toriel reloia,
Si que nus hom veu ne l'a;
Bien le norri toute sa vie,
1570 Si c'onques ne manga d'ortie,
Ains li donna et vin et pain
Asses et au soir et au main.

Quant on li dist: „Qu'est li toriaus
Devenus, ki si estoit biaus?"
1575 Il dist: „Au ciel en est rales,
Dont a nous estoit avales."
Del tout croient a sa parole;
Ensi avule il la gent fole
Que il cuident bien que la beste
1580 Soit de paradys en la feste
Et tous jors *i feroit* manoir.
Mahommet cuident remanoir
Que tous li mondes en ament
Et Dex taingne son firmament.
1585 Quant li tans fu ensi passes,
En grant prosperite asses
Cuident bien estre et en grant aise.
Apries grant deduit grant malaise
Voit on molt souvent avenir.
1590 A Mahommet voient tenir
Li Persant par barat lor terre:
Mais ne le tenra pas sans guerre;
Car molt bien garni d'armeures
S'en vinrent molt grans aleures
1595 Pour les gens Mahom assaillir.
Ces chevaus font corre et saillir,
L'air en font resonner et bruire,
La terre Mahom font destruire
Par feu grigois et par espee.
1600 Paour a la gens d'Idumee,
Nequedent armes appareillent.
Li baron entr'iaus se conseillent
Et dient qu'a Mahom iront
Et que la chose li diront.

1581 *i feroit* statt *seroie* Ms u. Mich. 1602 Ms. *entre iaus.*
Ziolecki, Roman de Mahomet.   4

1605 Lues que devant lui sont venu
Et la parole en ont tenu,
Lors dist Mahons: „La gens de Perse
Est fors, orgilleuse et desperse;
Ne vous porres vers aus tenir
1610 Ne l'estour pesant soustenir,
Et auchun droit ont en la guerre:
Une partie de la terre
Lo c'on lor rendist par acorde."
Mais ne trueve ki s'i acorde
1615 Mahons nus en la compaignie;
Car miex aimment perdre la vie
U occirre lor anemis,
Ke estre en lor servage mis,
Et dient: „S'ensi le faisons
1620 C'auchune chose lor offrons,
Malvais et couart nous *verront*,
Apries les autres requerront,
Ensi nos terres nous torront
U tous aservir nous volront.
1625 Ja Dex ne le voelle avenir
Qu'ensi vif doionmes perir!
Miels nous i vient grans cols ferir
Et l'estour pesant soustenir
K'ensi estre deshoneres.
1630 Viegnent par nos fers amoures,
Par nos espees, par nos haustes,
Par nos espies et par nos lanches
Que tuit s'em puissent mervillier.
Bien nous devons apparillier
1635 De femmes et d'enfans rescorre
Et nos anemis seure corre."

1621 *verrons* Ms. 1632 *et* om. Mich.

Li baron ont loe le dit,
N'i a nul ki l'ait contredit;
Ensamble ont Mahommet priie
1640 K'il lor ait, ke raliie
Soient par lui en la bataille;
Car il cuident que molt lor vaille.
   Mahommes lor a respondu:
„Vielleche m'a si confondu
1645 Que molt ai perdu de ma forche,
Pour chou est drois ke m'en deporche;
Et li voloirs Diu est contraire,
Pour chou ne le puis mie faire.
Par aventure vous nuiroie
1650 Plus ke je ne vous aideroie.“
Quant ot che dit, et puis se teurent,
A painnes respondre li seurent;
Nequedent a Mahom ont dit:
„Vous nous aves fait escondit
1655 Et dit que grans est vos eages.
De jones en i a de sages,
Mais petis est lor vasselages;
Porquant vous saves les usages
K'il couvient a chevalerie:
1660 Soies en nostre compaignie
Pour vos chevaliers honerer:
Sires doit sa gent couforter.
Encor estes fors et hardis
En fais, et plus sages en dis;
1665 De biel eage estes encore,
Grans renommee de vous vole;
Vous vous devrois par toute terre
Deffendre se l'on vous fait guerre
Sans paour, quant d'armes le pris
1670 Nous aves tout l'usage apris.
Plus valent mil bon chevalier

Que de malvais quatre millier.
Se Diu avons contrariant
Nous *nous* irons humeliant,
1675 Et Dex est de si grans pities
K'il nous pardonra nos pechies.
Au pecheor fait bonne chiere
Quant a lui velt venir arriere.
Ensi pardonna a saint Piere:
1680 Plus espouronne qu'il ne fiere.
Sainte Marie Magdelainne
Fu ensi de ses pechies sainne;
Au Dyable fu retolus
Par repentir Theophylus.
1685 Tuit cist que j'ai dit pechie firent;
Mais de bon cuer se repentirent,
Et Dex por chou lor pardonna
Et sa grasce avoec lor donna.
On doit avoir en lui fianche;
1690 Por nos maus ferons penitanche
Si ferons si con vous dires;
Ne valt riens hom desesperes.
A la gent fu de Ninivee
Ensi lor coupe pardonnee
1695 Par forche de contriction
Et de sainte confession.
Se Dex aimme miex sacrefisce
De tor, de bouc ou de genice,
Faison le par devotion
1700 Pour avoir miseration.
Puis que tel chose volons faire,
Comment nous poriies retraire
Que vous aidier ne nous doiies?

_____

1674 *vous* Ms.

Se vous voles, au mains soiies
1705 Par sens avoecques nos maisnies.
En garde vous soient baillies
Les choses, li enfant, les femmes,
Les damoisieles et les dames;
Avoec iaus en tel liu soies
1710 Que bien la bataille voiies
Et que nous puissies consillier.
Bien nous vaurions travillier
Et la bataille maintenir:
Se il nous i couvient *perir*,
1715 Bien otroions que la gens die
Que c'ait este par no folie;
Et se les poons sourmonter,
Vo pris en ferons amonter,
Se Dex l'ounour nous en envoie."
1720 Mahons em plorant lor otroie
Et dist que presens i sera
Et bien les choses gardera.
 A un jour ont pris la bataille.
Bien et richement s'apparaille
1725 D'armes l'une et l'autre partie;
Mais li chevalier de Persie
Ont ja mainte proie ravie:
Cil ki ne sont mort u tenu
S'en sont as fors chevaus venu,
1730 Et li Persant se sont logie
En un fort liu c'ont espiie.
Maint tre, mainte tente drechierent
Et mainte ensaigne desploierent
Tainte de diverse nature,
1735 Bieste i a de mainte figure.

1714 *ferir* Ms.

De l'autre partie diron:
De lonc, de le et d'environ
Sont assamble homme Mahon
Et de sa terre li baron
1740 Communement a ost banie,
Arme a bataille rengie.
Es loges avoient laissies
Lor femmes avoec lor maisnies.
Adonc menoient en la terre
1745 Toutes lor maisnies en guerre.
Avoec iaus fait l'arriere-garde
Mahommes ki lor avoit garde.
Or et saphyrs et crisolistes
Et les autres pierres eslites:
1750 Avec iaus lor avoir portoient
Quant en guerre morteil aloient.
Li solaus lieve et si doist estre
Le jour la bataille campestre.
Devant s'estoient esvillio
1755 Li Persant et apparillie;
Lor eschieles ordene ont
Et sour les chevaus monte sunt.
Les gens a pie devant alerent,
Ki plus legierement s'armerent.
1760 Quant a liu nomme sont venu,
Cor et graille i sonnent menu,
Trompes et buisines i sonnent.
A l'assambler grans cols se donnent;
Homme et cheval tel noise font
1765 Con se li mondes en parfont
Dusques en abisme chaist:
Si fort li uns l'autre envaist
De dars, de lanches et d'espees,
D'espiex, de machues clouees.
1770 Sajetes traient, pieres ruent;

Li Persant la gent Mahom tuent
De bastons agus et de maches
Et de gisarmes et de haches.
La gent Mahom maint cop lor rendent:
1775 Mort pour mort s'achatent et vendent.
Maint escu, mainte targe fendent;
Au miels k'il pueent se deffendent;
Mais molt en tuent li Persant:
Des chevaus les vont enversant
1780 L'un sour l'autre, geule baee.
Li sans en court aval la pree;
Del sanc des mors sont taint li fier.
Grant gaaing a fait Lucifier;
Car cil trebuchent en infier
1785 Qui a la loy Mahom se tiennent
Et ki la loy Diu ne maintiennent.
    Mahommes arriere repaire,
Ki tant barat set dire et faire;
Entres est en un moustier gaste,
1790 De repondre l'avoir se haste,
Que, quant lius et tans en sera,
Tout entirement rendera
A chascun oir la soie part.
L'uis a clos, dou moustier se part,
1795 As enfans, as viellars, as dames
Ki ne pooient porter armes,
S'en est ales tout maintenant;
Un grant sermon lor vait tenant
Et si les prist a comforter:
1800 „Vous ne poes armes porter,
En ma garde estes pour chou mis.
Envai ont lor anemis

1790 *respondre* Ms.

Mi homme encontre ma deffense:
N'est pas bon faire quan qu'on pense.
1805 Ja deffendu ne lor eusse,
Se de par Diu ne le seusse
Que c'est contre sa volente.
Bien sai tuit seront afole;
Mais vous ki n'i aves meffait,
1810 Ni en parole ni en fait,
Le pardon de Diu averes
Et vos enfans marieres.
Nostre Sires velt entresait
Que uns seus hom dix femmes ait,
1815 Et dix maris ait une femme;
Car cil rekeut plus ki plus semme.
Et sachies que ja Nostre Sire
Ne le tenra pour avoutire;·
Car com miels est la terre aree
1820 Plus i vient de fruit et de blee,
Tout ensi se marieront
Et pluisour enfant naisteront.
Se li uns est frois de nature,
Ki molt nuist a engenreure,
1825 Uns autres de caude sera:
Ensi la femme fruit fera,
Ja nule n'i sera brehaigne."
Endementiers k'il les ensaigne
Estes vous venu un message
1830 Qui dist a dolour et a rage
Ont li Persant a la mort mise
Trestoute lor gent et occise,
Fors lui, por le message dire.
Li plours renouviele et li ire;
1835 Lor puins tordent dedens lor tentes
Les dames ki molt sont dolentes,
Li vif lour mors amis regretent,

En larmes de dolour remetent.
Mahons dist: „Laissies le plourer,
1840 Miels vaut Diu proier et ourer,
Qui nous a sauve et garde
Et qui ensi l'a esgarde
Que il nous voelle gouvrener
Et nostre avoir rendre et donner."
1845 Vers le gaste mostier les mainne,
De l'entree querre se painne;
Avant, arriere encore ala,
Et puis de cha et puis de la,
Aussi com s'il riens n'en seust,
1850 N'onques mais este n'i eust.
Au daerrains trueve l'entree;
La vertu Diu a aouree,
Ensi com par lui trouve ait
L'avoir; apries entrent a fait.
1855 Bien connissoit cascuns s'ensaigne;
L'avoir seele leur ensaigne
Dont li gourle estoient saignie.
Dou querre s'a tant travillie
Qu'a chascun a lo sien baillie
1860 Et certainnement ensaignie.
A merveilles s'en sont saignie
Dou sens ki est en Mahommet:
Chascuns a sa loi se sousmet;
Car as Persans s'est apaie
1865 Si que tout em pais l'ont laissie.
Grant et petit communement
Ront lor avoir entirement.
Les femmes se sont mariees
Selonc les loys qu'il a donnees.
1870 Ensi la loys mouteplia,

1861 *saigné* Mich. 1867 *leur* Mich.

Chascuns l'ounera et prisa;
Ou pais fu si renommes
Qu'apieles fu Dex et nommes.
Puis en sa vie n'orent guerre.
1875 Foible chose est vaissiaus de terre:
De Mahommet requiert la mors
Chou k'il li doit, et si l'a mors,
Pour chou qu'a pechie s'est amors,
Que en infier trebucha mors.
1880 Molt seroient bien eurees
Les ames, s'un jor ostelees
Em paradys avoec Diu fuissent.
Ains que lor cors laissie eussent
Et souffert par une semainne
1885 D'ynfier la mains greveuse painne,
Dou tout en tout fuiroient visce,
Pechie d'orgueil et d'avarisce,
De luxure et de gloutrenie
Et de mortel ire et d'envie.
1890 Diu sour toute rien ameroient
Et son commandement feroient;
Ne Mahommes n'eust pas faite
Sa loi nouviele ni atraite,
Dont par grant orgueil se pena:
1895 S'ame en enfier *grans painnes* a.
Nequedent la gent forsenee
Cuident que el ciel soit montee;
La caroingne ont molt honoree
Et de *tres* chier bausme embasmee
1900 Que porrir ne puist ne remetre.
En la terre ne l'osent metre,

1882 *fussent* Mich. 1895 *grant painne* Ms. 1899 *tren*
statt *tres* Ms.

Un *linsiel* de fier forgier font,
Le cors Mahom couchier i font;
Une maisonnette voltee
1905 Font d'aymant si compassee
K'en mi liu ont le cors laissie,
Ni a rien ne l'ont atachie,
En l'air sans nul loien se tient;
Mais li aymans le soustient,
1910 Par sa nature seulement,
De toute partie ingaument.
Nequedent n'i atouche mie
Sa gens; n'a talent ki l'otrie.
Ains dist que Mahons par miracle
1915 Se soustient en son abitacle.
Tous jors i durent en ardant
Doi cerge de vertu molt grant,
Dont li candelabre sont d'or.
Il valent un molt grant tresor,
1920 Car il ne pueent estre estaint,
Ne mie pour chou que Dex l'aint;
Ains lor fu la vertus donnee
En la glorieuse jornee
Que Dex em Bethleem fu nes.
1925 De teus trois fu enlumines
Ki molt sont vertuous et noble.
Li tiers (est) en Constantinoble
A la tombe sainte Souphye
Ki fu virgene de bonne vie.
1930 Ne sai pas par quele aventure
Li doi sont a la sepouture
De Mahommet le renoiie;
Mais molt i sont mal emploie.

1902 *liusiel* Ms.

Avoec i ont mis li Escler
1935 Une lampe de cristal cler;
Devant la tombe Mahon pent;
Il n'a riens dedens et si rent
Tel clarte qu'il sanle qu'ele art;
Elle i fu assise par art.
1940 Chil qui l'uevre sutilia
Auchune piere mise i a,
Pirope u escarboucle fine,
Qui la lampe en enlumine,
Non pas pour chou que dedens soit,
1945 Mais ele est mise en tel endroit
Que la clartes reluist dedens;
Mais la gens Mahon fors dou sens
Qui de la loy Diu se desroie
Dist que Mahommes li envoie
1950 Par sa vertu la resplendour
Ki dure par nuit et par jour.
Ensi ont Mahom honore
Les foles gens et aoure;
Ensi le fait et le fera
1955 Tant comme Dex le soufferra.
De Meke gist en la cite:
Cest non a par s'iniquite,
Car cil nons Meke velt tant dire
Com cele ki fait avoutire.
1960 Car avoutire controuva
Mahons en la loy k'il trouva
Ensi com il le demoustra.
Avoec les autres avoutra.
Encor orendroites i dure
1965 Li vilains pechies de luxure.

1942 *Prope* Mich. und Ms. 1955 *Diex* Mich., *sous-*
fera Ms. 1958 *nous* Ms. 1964 *encore* Mich.

On sielt as choses donner non
Jadis par auchune raison
De bien ou de mal avenir,
Si k'il em peust souvenir
1970 Ou pour chou c'on avoit veu
Devant et vraiement seu.
Egypte est tenebreuse dite
Par son fait et par sa merite.
Et la cites de Babyloine,
1975 Par auchune raison et boine,
Est par 'son fait mal renommee;
Babylone en est apielee.
Babylon c'est confusions:
Pour chou li fu donnes li nons
1980 Que on i fist la tour jadis
Pour monter haut em paradys,
Par grant orgueil et par grant rage;
Mais Dex lor mua lor langage
Em plus de soissante manieres.
1985 Quant li uns demandoit des pieres,
Li autres mortier li aporte:
Ensi la gens se descomforte,
Si fu chascuns tous esbahis.
Apries en mains divers pais
1990 Seme divers langages ont:
Pour chou tant de langage sont.
    Or vous en ai dit la raison.
Chi faut li romans de Mahon
Qui fu fais el mont de Loon
1995 En l'an de l'incarnation
De nostre signor Jesucrist
Mil et .cc. cinkante et wit.

1984 .lx. Ms.

Anmerkungen.

V. 1 — 25 geben Auskunft über die Art der Entstehung des altfranzösischen Romans. Nach ihrer Angabe erhielt durch Vermittelung eines Kanonikus ein Abt Namens Gravier (V. 17) von einem zu Sens in Burgund lebenden, bekehrten Mahomedaner die weitgehendsten Angaben über Muhamed's Leben und Thaten. Der Abt teilt das Gehörte einem Mönche seiner Abtei Namens Gautier (V. 18) mit, woraus Letzterer das lateinische in der Einleitung (p. XX) besprochene Gedicht verfasste, das der französische Dichter Alixandres dou Pont (V. 22—24) nicht nur frei übersetzt, sondern auch durch eigene Zuthaten, Episoden aus bekannten Legenden und Bibelstellen beträchtlich erweitert hat.

V. 3. *porra* ist offenbar Schreibfehler für durch Sinn und Sprachgebrauch gefordertes und darum eingesetztes *penra*. Ko(schwitz).

V. 17. Gravier (s. Verzeichnis der Eigennamen) ist wahrscheinlich. durch Schuld des Abschreibers oder durch Verstümmelung des Namens Granier od. Garnier, der nur allein dem Namen der lat. Vorlage V. 3 Warnerius entspricht, entstanden.

V. 36. Michel p. 2 A. 4. *Le nom de la mère de Mahomet étoit Amina.*

V. 37 ff. sind eine masslose Übertreibung, die der afrz. Dichter bereits der lat. Vorlage entlehnt hat. Vgl. *E. du Méril, Poésies populaires latines du moyen âge*, Paris 1847, p. 379, V. 22 ff. Die Unterweisung in den 7 freien Künsten galt im Mittelalter als das erstrebens- und wünschenswerteste Ziel der Bildung, der in denselben sich

Auszeichnende als ein besonderes Licht. In Bezug auf Mahomet ist diese Angabe nicht nur eine ungewöhnliche Hyperbel, sondern ausserdem eine willkürliche Übertragung der mittelalterlichen Anschauungen und Begriffe auf orientalische Verhältnisse, was vor allem unseren Roman kennzeichnet.

V. 45 fehlt in der Hs. eine Silbe. Die vorgenommene Korrektur war durch die Anmerkung Michel's gegeben: *Montaigu est un lieu situé à quelque distance de Laon, et le Sauvoire (Salvatorium) est une abbaye placée aux environs de la même ville. Voy. le Gallia Christiana, t. IX, col. 640.* Ko.

V. 53. Mich. p. 4 A. 1. *Mahomet défendit à ses disciples les pratiques de l'astrologie. Les Musulmans cependant ne tardèrent pas à partager les idées qui dominoient alors dans tout l'ancien monde, et l'auteur, en rangeant l'astrologie judiciaire au nombre des véritables sciences, ne fait que suivre l'opinion générale de son temps. Voy, les Monuments Arabes, etc., déjà cités, t. II, p. 366 et suiv.*

V. 62. Mich. p. 4 A. 2. *Mahomet avoit l'élocution facile, et les discours que les historiens lui font tenir, prouvent qu'il étoit naturellement éloquent. C'est d'ailleurs l'Alcoran qui a fixé la langue arabe, et ce livre passe encore, en Arabie, pour un modèle inimitable de style.*

V. 64. Mich. p. 5 A. 1. *Mahomet naquit dans la pauvreté, et il fut obligé de se mettre au service d'une riche veuve appelée Khadigia, qu'il finit par épouser et qui fut l'auteur de sa fortune; mais il est faux qu'il fût serf, lui et ses linages. Il appartenoit à la tribu des Koraïschites, la plus illustre de la Mecque, et sa famille avoit toujours tenu un rang élevé dans la ville. Au reste, la tribu des Koraïschites descendoit d'Ismaël, fils d'Abraham, et Mahomet étoit très fier de cette origine.*

V. 72. Mich. p. 5 A. 2. *L'auteur suppose à tort que le mari de Khadigia vivoit encore, lorsque Mahomet entra au service de cette dame; il représente d'ailleurs cet Arabe comme un baron qui possédoit des bois, des prés, des rivières, etc. C'est abuser de la liberté qu'on accorde aux poètes. Le territoire de la Mecque, comme presque tout le reste de l'Arabie, est sablonneux ou pierreux, et sans quelques dattes, et le commerce que les habitans faisoient avec l'Yémen, la Syrie et l'Égypte, le pays eût été inhabitable.*

V. 79. Mich. p. 6 A. 1. *Les Mecquois transportoient à Bosra, à Damas et dans le reste de la Syrie, les dattes, les parfums et les aromates de l'Arabie Heureuse et de l'Inde. A leur retour, ils faisoient part à l'Arabie du blé, des raisins secs et des étoffes des provinces de l'empire romain.* V. 92. Mich. p. 6 A. 3. *Les écrivains musulmans sont unanimes sur le zèle et la probité dont Mahomet fit preuve envers Khadigia; aussi lui donnent-ils le titre d'amyn ou de fidèle par excellence.* V. 98. Mich. p. 4 A. 1. *Il s'agit ici d'un moine chrétien qui demeuroit à Bosra, à quelque distance de Damas, et que Mahomet eut occasion de voir dans ses voyages. La plupart des auteurs arabes le nomment Bohayra, et Guillaume de Tripoli Bahayra.*

V. 133—135, eine freie Übertragung der lateinischen Verse 45—46:

Sic etiam Machomes devotus venit ad illum (sc. virum sanctum), Recte vivendi discere dogma volens.

bieten eine corrupte Stelle in „*por samour*", was eine wiederholte Kollation bestätigt hat. Michel druckt das *samour* des Ms. als *s'amour* ab, und schlägt in einer Anmerkung zum V. 134 *savoir* vor. Syntaktisch empfiehlt sich in dem Verse „*Mahommes por s'amour la somme*" statt *por s'amour* ein 3silbiges Verb, etwa: *porsevre, parcevoir* oder unser *porquerre* zu setzen, wodurch das Störende der doppelten Präp. *por* und *pour* in Wegfall kommt.

V. 144. Mich. p. 8 A. 2. *Des auteurs musulmans parlent de l'entrevue de Mahomet avec l'Ermite; mais, bien loin de prêter à celui-ci un langage aussi sévère, ils disent que ce religieux fut frappé à la première vue de l'éclat divin qui brilloit en la personne du Prophète, et qu'il crut aussitôt en lui.*

V. 152. *avites*, auch bei Godefroy nur durch diese Stelle belegt, wird bereits durch Mich. als Lehnwort (von lat. *avitus)* erkannt und durch „*appartenant, possédé*" übersetzt. *Dyable* ist in dem Verse zweisilbig, sonst regelmässig dreisilbig: 139, 190. Ko.

V. 168. Mich. p. 10 A. 1. *Dans la pensée du poète, l'Ermite faisoit ici allusion à l'amour immodéré que Mahomet manifesta pour les femmes dans les dernières années de sa vie, et à l'indulgence qu'il a montrée dans l'Alcoran pour les plaisirs des sens.*

V. 204. Michel übersetzt *plates* mit *argent* und verweist auf span. *plata* Silber. Besser ist „Silberplatten" zu übersetzen. Vgl. Littré, s. v. *plate* 1 u. 2. Ko.

V. 205. Der Reim zu *soie* verlangt den Sgl. *mainte* *roie* für den hsl. Pl. Es folgen auf diese Weise zwei Reimpaare mit gleichem Ausgange unmittelbar auf einander. Dasselbe geschieht auch V. 105 ff., 239 ff., 301 ff., 319 ff., 339 ff., 389 ff., 433 ff., 475 ff., 491 ff.. 505 ff., 519 ff. u. ö. Ko.

Zu V. 206 bemerkt Michel in Anmerkung 2: *Le mot* *siglaton est arabe, et désigne une étoffe de laine ou de soie.* Die Etymologie ist noch zweifelhaft — vgl. Diez, EWB, p. 98, wonach es mit *mhd ziktàt* (gen. *ziklades*) — ein mit Gold durchwebter Seidenstoff — zusammenhängen soll.

V. 212. Mich. p. 11 A. 3. *Le poète se livre encore* *ici à son imagination, Mahomet n'est jamais allé en Perse,* *ni dans l'Inde, ni en Éthiopie; le comte de Boulainvilliers* *seul lui a fait visiter une partie de ces contrées.*

V. 227—285 enthält die im M. A. allgemein verbreiteten Geschichten vom Ritter und Knappen, vom Einsiedler und Engel, welche du Pont zur Illustration der göttlichen Gerechtigkeit und Gottes unergründlicher Vorsehung und Weisheit in sein Gedicht eingeflochten hat. Nach G. Paris' *Poésies françaises au moyen âge*, Paris, Hachette 1885, ist der jüdische Ursprung dieser Erzählungen ausser Zweifel (p. 176 ff). Sie sind dann übergegangen in arabische Quellen, namentlich in das von Gaston Paris a. a. O. zitierte *Livre de Merveilles, de Zachariah ben Mohammed* *de Cazwin, apelé communément Cazwini* und befinden sich ausserdem noch 2 Mal in den *Gesta Romanorum* Nr. 127 und 80. Unser Dichter (du Pont) kennt sie nur in wesentlich veränderter Form.

V. 231 und 269, auch schon 214, bedürfen die vorgenommenen Emendationen wohl keiner Begründung. Ko.

V. 250 wurde des Reimes wegen *respondit* (: *dist)* eingesetzt. Vgl. m. Rez. v. Peters, S. 18.

V. 269, 330 *(torment), 492 (vo), 763 (anciienne)* und 925 *(fol* für hsl. *fols)* wurde der Deutlichkeit wegen die Flexion gegen die Hs. geregelt. Ko.

V. 308. Mich. p. 15 A. 4. *Évangile selon S. Luc,* *ch. XVI, vers 19 et suiv.*

V. 316. *La mors l'ot pris a l'ain:* der Tod hat ihn am Angelhaken *(ain = hamus)* gefasst, eine nicht ungewöhnliche, humoristische Ausdrucksweise.

V. 328 *lampas* auch *lampast*, eine schlimme Pferdekrankheit, deren Sitz im Gaumen. Godefroy zitiert aus „*Medicines des cheveux*, p. 19, ap. *Ste - Pal.*" folgende Stelle:

*„Lampast est une maladie qui vient aux chevaux en la
gueulle, entour l'ordre des dents dessus aux palays, et vient
de sang; et tu la peulx ainsy cognoistre; le palais est esleué
et descerné et chault et se passe dedans; et pour ce les
chevaux ne peuvent la pasture mascher, ains chet avec la
salive."*

V. 437. *Or ne dites vo pensee* Ms. Die Negation
widerspricht dem Zusammenhange und dem Sinne. Nach
der lat. Vorlage (E. du Méril a. a. O.) wird Mahomet von
der Witwe aufgefordert, in allen Angelegenheiten und
Fragen seine Meinung offen auszusprechen. Daher liegt
mit Bestimmtheit ein *me* dem Urtexte zu Grunde, wie
auch schon Michel bemerkte. Man beachte übrigens das
auffällige Enjambement von *„est"*. Derartige Enjambe-
ments finden sich in unserem Texte noch mehrfach.

V. 471. Die Lesart der Hs. ist sinnlos. Die eingeführte Emendation schliesst sich so viel als möglich an
den überlieferten Text an und giebt den vom Zusammenhange geforderten Sinn. Ko. — Mich. hat die Unver-
ständlichkeit des Verses übersehen.

V. 496. Zu der Form *querrai* bemerkt Michel: *„le
sens exigerait qu'on lût croir ai.* Ebenso V. 941 zu *querroit: il nous semble qu'on doit lire ici, croiroit.* Die
Formen lassen sich aber unangetastet halten: *querrai*
ist durch Metathesis aus *crerai* entstanden *(qu* für *c*, um
die Schreibung *cerrai* mit *ce* zu vermeiden), ebenso
querroit aus *creroit.* Ko.

V. 504. *Que jou ne sache de m'effanche.* Nach der
Hd. hat man *fache* zu lesen. Michel's Anmerkung: *Vraisemblablement il faut lire „sache"* wird bestätigt durch V. 9,
p. 386 der latein. Vorlage:

*Villarum reditus, terrarum commoda cuncta,
a puero semper nota fuere mihi.*

V. 557 hat ohne das eingefügte *et* eine Silbe zu
wenig. Ko.

V. 605—611 entsprechen V. 19, p. 388 der lat. Vorlage:

*O coecum virus quo turget iniqua cupido,
quo semel imbutus se quoque nescit homo!
Hos ita coecavit nummi species, rubor auri,
quod faciunt dominam ducat ut ille suam.*

V. 692 haben wir für hsl. *seu Sen* eingesetzt, da von
den Söhnen Noes die Rede ist, die alle namentlich angeführt werden. E. du Méril a. a. O., p. 378 berichtet

5*

von 2 Mss. des lat. (Walter'schen) Gedichtes No. 8501a
und No. 328 *supplément latin*, von denen Letzteres denselben Schreibfehler mit *Chau* statt *Chan* aufweist.
V. 698. Mich. p. 29, A. 2. *Genèse, chap. LX, vers. 21
et suiv.*
V. 736. *Et vient soi garder k'il ne peche* Ms. Statt
„*vient*" ist mit Michel *bien* zu lesen, da das folgende *soi
garder* nur von dem Verbum finitum des V. 733 abhängen
kann, wenn es einen klaren Sinn geben soll.
Zu V. 737—740 vgl. V. 6—7, p. 391 der lat. Vorlage:
*Est autem Dominæ servorum copia multa,
inter quos unus omnibus est melior;* und zu V. 755 ff.
V. 18—19: *Tractatur de conjugio consentit uterque,
et modico lapso tempore conveniunt.*
V. 758—786 weichen von den Versen 20—26 p. 391 der
lateinischen Vorlage wesentlich ab. Diese Abweichung ist
nicht so sehr auf andere Quellen, als vielmehr auf die
Einbildungskraft des Dichters und dessen Tendenz, Mahomet und sein Gefolge als Lehnsherrn und Vasallen darzustellen, zurückzuführen. So treten denn auch an Stelle der
alten, in West- und Süd-Europa ungebräuchlichen Instru-
mente der lat. Vorlage wie „*cytharas, cimbala, sistra,
lyras*" die „*viele deliteuse, baudoire*" Seiteninstrumente,
mit denen die Jongleure ihre Lieder zu begleiten pflegten,
harpes, gigues (Geigen) und *cyphonies* (V. 775 Rom. de M.)
Die letzteren, eine Art Trommeln, in der Mitte wie ein
Sieb durchlöchert, werden von beiden Seiten mit kleinen
Stöcken geschlagen, cfr. *Chev. au cygne* II. 1569, *Floriant*
5969 (Edit. Michel), und *Richard li Biaus v.* 4125. Der
Reiher, Schwan und Pfau sind beiden Gedichten gemeinschaftlich — *grus* und *mergus* werden durch *pertris* und
faisans ersetzt (778). Bär, Eber und Ziege fehlen im
franz. Menu, wofür als schwacher Ersatz, gute Fische ein-
treten (s. 780). Während das lat. Gedicht durch *pocula*
und *vasa* das Trinken nur andeutet, im Bewusstsein des
von den Mohamedanern streng inne gehaltenen Verbotes
Wein zu trinken, werden im afr. Gedichte den Hochzeits-
gästen die feinsten Weine und würzige Getränke vorgesetzt.
V. 764. Mich. p. 32 A. 1. *Dans le moyen âge, en
Europe, on mettoit beaucoup de prix aux étoffes représen-
tant quelque trait de l'Ancien ou du Nouveau Testament.
Saint Louis, voulant faire la cour au Khan des Tartares,
lui envoya une tente d'écarlate, où l'on avoit e n t a i l l é par*

ymages l'Anonciacion Nostre Dame et touz les autres poins de la foy (Histoire de Saint Loys, par Jehan, sire de Joinville, édit. de Francisque Michel. Paris, Béthune, 1830, in-18, t. I, p. 98). *Il n'est pas besoin d'ajouter qua la présence de ce genre de tapisserie à la Mecque ne repose probablement que sur l'imagination du poète.* V. 778. Der Sing. *faisant* wird durch den Reim zu *contant* erfordert. K o.

V.. 782. Mich. p. 34 A. 3. *Quelques écrivains arabes racontent qu'aux noces de Mahomet et de Khadigia on servit deux chameaux, et que les esclaves de cette dernière dansèrent au bruit des timbales. Il est fait mention, à d'autres mariages de Mahomet, de liqueurs, de confitures, etc.; et rien n'empêche de croire qu'à celui-ci on y but du vin, puisque ce fut seulement quelques années après que le vin, dans une partie de plaisir, ayant donné lieu à une querelle violente, le Prophète le défendit absolument. (Mais qui a fait connoître au poète les noms des deux vins qu'on servit en cette occasion?)*

V. 781. *Piument¹) i boit on et claret²)*
V. 782. *Et vin de Toivre³) et de Ferre.⁴)*
V. 793. Mich. p. 35 A. 1. *Il s'agit ici d'un accès d'épilepsie que Mahomet, suivant Alexandre du Pont, éprouva immédiatement après son mariage. Or, chez les anciens Arabes, le mal caduc étoit regardé comme l'ouvrage du*

---

¹) Gemisch von Wein, Honig, Gewürz und aromatischen Zuthaten.

²) Wein mit Honig. Heute noch ist das Wort in England gebräuchlich und bedeutet franz. Rotwein.

³) *Vin de Toivre,* ein italienischer Wein, wächst oder wuchs damals am Strande der Tiber, während

⁴) *Ferré,* ebenfalls ein geographischer Name, auf „Ferrato" hinzuweisen scheint. Bartsch im Gloss. der afr. Chrestom. übersetzt *ferret* mit Weinsorte und verweist auf die *Chanson à boire* S. 327, Z. 21. Godefroy zitiert in seinem W. B. eine Stelle aus *Huon de Mery:*

> *Par Largemain son boteillier*
> *Fist un ferre destravaillier*
> *Tout plain d'onor rose de gloire.*

In Betreff der Tafelgeräte endlich ist noch zu bemerken, dass die *Vasa* und *pocula* des lat. Gedichtes nur durch *hanap d'or mier* Weinkrüge oder Weinnäpfe wiedergegeben werden.

*diable, et les mots épilepsie et possession du démon
étoient synonymes. (Voy. les Notices et Extraits des
Manuscrits de la Bibliothèque du Roi, t. X, p. 24.)
On doit commencer par se demander si réellement le Prophète étoit sujet à cette horrible maladie. Plusieurs auteurs
chrétiens l'ont dit positivement; mais les écrivains musulmans ont évité de s'expliquer. Au reste, il est certain que
le Prophète, au moment de ses prétendues communications
avec le ciel, éprouvoit un tremblement. Il est également
certain qu'à l'âge de deux ou trois ans, Mahomet fut ren-
voyé par sa nourrice à sa mère, comme possédé par le
diable. Comparez Aboulféda, Annales Muslemici, arabice et latine, ed. Adler. Hafniæ, F. W. Thiele, 1794, in-4°,
t. I, p. 16, et divers témoignages des écrivains arabes cités par
Gagnier, Vita Mohammedis, p. 9. Voyez encore les Monuments arabes, etc., de M. Reinaud, t. I, p. 196. Mais
aucun de ces témoignages ne paroît décisif.*

V. 823, wie bereits im Vorwort bemerkt, von Michel
übersehen, wiewohl er durch das Reimwort *conforter* des
V. 824 auf die Lücke hätte aufmerksam werden müssen.

V. 869. Mich. p. 38 A. 1. *Mahomet disoit recevoir
ses révélations par l'intermédiaire de Gabriel, et avoir ob-
tenu de cet archange les plus grandes marques d'affection;
aussi les Musulmans conservent-ils encore pour Gabriel
quelque prédilection. Voyez les Monuments arabes, etc.,
de M. Reinaud, t. I, p. 134.*

V. 918 ist für *Griex*, wie schon Michel bemerkt, *Giex*
zu lesen. — Vgl. lateinische Vorlage V. 2, p. 395:

> *Saevit Judaeus et Pharisaeus ad haec.*

V. 952. Mich. p. 41 A. 2. *Évangile selon S. Jean,
ch. XX, vers 24 et suiv.*

V. 954. *cranche* erklärt Michel irrtümlich durch
doute. Gerade das Gegenteil bedeutet *cranche = creanche*
Vertrauen. Sicher liegt eine Verderbnis vor, denn *por
ce que* = damit verlangt den Konjunktiv, den wir auch
eingesetzt haben; *i a* kann aus *ai(t)* verlesen sein. Dass
der Verfasser ungenaue Reime nicht scheute, zeigen Reime
wie *simples : desciples* 1088 f., *loassent : abaissent* 1286 f.,
hanstes : lanches 1631 f., *encore : vole* 1665 f. u. dgl.

V. 962. *infier lues* Ms. giebt keinen Sinn. Sowohl der
erste Herausgeber Michel als auch die weiteren Kollationen
mit der Hds. lassen keinen Zweifel zu, dass letztere *infier*
hat. Die lateinische Vorlage (s. du Méril, p. 395), welche

der afrz. Dichter an dieser Stelle sehr frei und ungenau
wiedergiebt, hat:

cœloque receptus (Christus),
promisso Patris munere firmat cos (apostolos) ...
Ergo, muniti linguis et amore calentes,
securi Christi nomen ubique ferunt.

Es ist also vom Empfang des hlg. Geistes nach der
Himmelfahrt Christi die Rede, worauf die Apostel den
Namen Christi, d. h. seine Lehre allerwärts verbreiten
sollen. Die lateinische Vorlage verleitet zu der Emen-
dation *en terre* oder *en tierre*. Das hds. *infier* ist wahr-
scheinlich als *enfier(m)s* zu deuten und wir haben deswegen
im Texte *Infiers* eingesetzt. *Infiers* mit vergessenem
Nominativ *-s* für gewöhnliches *enfers* ist korrekt: Der
Sinn wäre: Jeder Schwache (im Geiste) verstand alsdann
ihre Worte. Über die Bedeutung von *enfierm* siehe bei
Godefroy *enferm* und die von ihm zitierten Stellen aus
Garin le Loh., 1e chans., XXVIII, P. Paris und Mousk.,
Chron., 21987, Reiff.

V. 1023. *derai* dialektisch für *desroi.*

V. 1028 ff. sind recht ungeschickt stylisiert, doch
allenfalls verständlich. Die lat. Vorlage hat V. 13 p. 397:

Sed quia nunc video te non nisi falsa locutum
Contra promissum quo mihi vinctus eras,
Me vix abstineo quin excruciam tibi dentes,
Quin oculos fodiam, quin caput ense cadat. K o.

V. 1057. Mich. p. 45 A. 1. *Nous avons dit que l'er-*
mite qui prédit à Mahomet sa mission, demeuroit près de
Bosra en Syrie, c'est-à-dire à plus de deux cents lieues de
la Mecque; ainsi le récit du poète est inadmissible. L'auteur
a sans doute été trompé par l'existence d'une grotte située
dans le voisinage de la Mecque, où Mahomet, quelque temps
avant sa mission, avoit coutume de se retirer pour y mé-
diter, disoit-il, sur les choses célestes, et où l'ange Gabriel
lui apparut pour la première fois.

V. 1076 *cuite* schon von Mich. als *quitte* erkannt.

Zu V. 1082 ff. vgl. V. 17 ff., p. 398 der lateinischen
Vorlage:

Si nostris velles credere consiliis;
Christicolis aliis destructis tu superesses,
et templum tecum, discipulique tui;
Et, miserante Deo, modico de semine posset
Christi cultorum surgere magna seges.

V. 1118 hat eine Silbe zu viel; *je* ist offenbar späterer Zusatz. K o.

V. 1159 mit *examplaires* ist die lateinische Vorlage gemeint, gegen welche V. 1161 ein Misstrauen vom franz. Dichter kundgethan wird.

V. 1215. Für *nest* schrieb Michel irrtümlich *n'est*. Vgl. lat. Vorlage, p. 400, V. 12 v. u.:

nam tua sunt melius, quam mea quæ mea sunt.

V. 1223. Mich. p. 51 A. 1. *L'auteur fait ici allusion à la grotte où Mahomet avoit coutume de se retirer pour y méditer sur les choses célestes.*

V. 1226. *cuivre* Belästigung s. Godefroy B. II, p. 399, wo die betreffende Stelle aus dem R. de M. zitiert wird, und das Zeitwort *cuivrier = tourmenter, accabler, gêner.*

V. 1252. Mich. p. 52 A. 1. *Le poète décrit ici une cour plénière telle qu'elle auroit eu lieu de son temps chez les seigneurs féodaux d'Europe. Il paroît au reste que ce genre de divertissement n'a pas toujours été étranger aux Orientaux. On trouve des descriptions analogues dans le roman arabe d'Antar. Voyez-en un exemple dans le fragment qu'a publié M. Delécluze,* **R e v u e f r a n ç a i s e** *du mois de juillet 1830.*

V. 1267. *n'estoit* für das hsl. *c'estoit* wird durch den Zusammenhang gefordert. K o.

V. 1335 *sage* für hsl. *sages* des Reimes wegen. K o.

V. 1344. *Defois* erklärt Michel irrtümlich als *„terres, dont l'usage était réservé au seigneur. Ce mot est pris ici pour l'ensemble des terres qui relevaient de Mahommet, du chef de sa femme.* Die Stelle heisst aber, wie Godefroy unter Anführung derselben unter *„defois"* richtig erkannt hat: Sicher sind wir durch Euren Schutz. *Defois = defensum,* Verteidigung, Schutz.

Nach V. 1378 setzt Michel eine punktierte Linie und bemerkt folgendes: *Il manquerait ici un vers, mais c'est peut-être une licence poétique semblable à celle dont usent encore les Anglais, qui font rimer ensemble trois vers en les unissant par une accolade.* Aus der lateinischen Vorlage (p. 403, V. 4) ist zu erschliessen, dass du Pont nichts ausgelassen hat. Auch 965—7, 1782—4 laufen drei Verse auf denselben Reim. Vgl. indessen Anm. zu V. 1725 ff.

V. 1386 verlangt schon die Silbenzahl *raaigne* f. hsl. *raigne,* das Mich. irrtümlich mit *renie* übersetzte. K o.

V. 1393. Mich. p. 58 A. 2. *Mahomet permit à ses*

disciples d'avoir quatre épouses à la fois, sans compter les
femmes esclaves qu'ils pourroient entretenir; mais ni lui ni
sans doute aucun autre législateur n'a permis à une femme
d'avoir plusieurs maris.

Zu V. 1410 fehlt in der Hds. eine Silbe und zwar
die notwendige Negation *ne*.

V. 1412 und 1467 *repus* verborgen von *reponre (re-*
ponere) repus = repos; das „*u*" für *o* ist etwas auffällig,
es ist möglich, dass der Abschreiber an *repaistre part. repu*
gedacht hat.

V. 1578 — 1584 sind eine verstümmelte Wiedergabe
der klaren lateinischen Verse 10—15, p. 408:

Credebant quidquid Machometis ab ore sonabat
ac si cœlestis nuntius ille foret:
Credebant igitur quia taurus ad astra regressus
Virtutum numero consociatus erat:
Credebant Machomem terris ideo superesse,
Ut præsit mundo, cum Deus astra regat.

Michel, Anmerkung 1 zum V. 1584 sagt: *Il manque*
vraisemblablement quelque chose à ces vers: à partir du
1580e ils ne nous offrent pas de sens. Mit Hilfe der lat.
Vorlage lässt sich jedoch die Stelle verstehen; ohne diese
Hilfe geben V. 1583—4 mit ihrem unvermittelten Gedanken-
inhalte allerdings keinen Sinn.

V. 1581. „*Et tous jors seroie manoir*" Ms., in dem
seroie entschieden korrupt ist, zählt nur 7 Silben. Die
von Koschwitz eingesetzte Lesart scheint mir durchaus
befriedigend.

V. 1590, 1591 ein Anachronismus, den Michel mit
den Worten: „*La Perse ne fut soumise aux lois de l'Alco-*
ran qu'après la mort du Prophète" kennzeichnet.

Zu V. 1599 *feu grigois* bemerkt Michel in Anm. 3:
On ne mit le feu grégeois en usage qu'après Mahomet. Grigois
ist ein Zusatz des afrz. Dichters, wie das aus p. 408 „*Óm-*
nia vastantes igne, fame, gladio" der lat. Vorlage hervorgeht.
Feu grigois ist ein Anachronismus, wie ihn du Pont nicht
selten sich erlaubt. Ein Grieche „Kallinikos" aus Heliopolis
in Syrien hat das griechische Feuer, das schon in den
syrisch-römischen Kriegen von den Rhodiern, damals den
geübtesten Seeleuten, vermittelst Maschinen auf die Gegner
geschleudert wurde, für den Seedienst in Anwendung
gebracht und zwar mit Erfolg. Die Konstantinopolitaner
scheinen sich des griech. Feuers bei der Belagerung ihrer

Stadt durch die Araber 673 zum ersten Male und zwar
mit dem grossartigsten Erfolge bedient zu haben, denn, wie
Ranke (Weltgeschichte Bd. V, 2. Hälfte p. 249) berichtet,
ist die arabische Flotte durch das griechische Feuer
grösstenteils verbrannt und durch successive Unfälle so gut
wie vernichtet worden. Du Pont lässt das griechische Feuer,
welches nur zur See verwendet wurde, auch in Landkriegen
im Kampfe der Araber mit den Persern und zwar noch
zur Lebenszeit des Propheten in Anwendung bringen.

In V. 1612, 3 liegt nach Michel ein ungerechter Vor-
wurf der Feigheit gegen Mahomet, den er in einer Anmerkung mit den Worten: *„Bien loin de reculer devant ses ennemis le Prophète les prévenait"* widerlegt.

V. 1674 hatte schon Michel die richtige Lesart *nous*
eingeführt, ohne aber die abweichende Form der Hds. zu
erwähnen. Ko.

V. 1684. Theophylus ist natürlich der bekannte Held
der im M.A. so viel bearbeiteten Sage von dessen Höllenfahrt.

V. 1714 giebt *„ferir"* keinen Sinn. Besser entspricht
das schon von Michel vorgeschlagene *„perir"* dem lateinischen *superari* in V. 3, p. 411.

„si superamus eos (Persas), laus sit tua, si superemur."

Da von einer Niederlage im Gegensatz zum Siege
die Rede ist, so kann auch dem französischen Ausdrucke
la bataille maintenir (1713) als Antithese nur *perir* gleich-
bedeutend mit *estre vaincu (superari)* folgen.

V. 1723—1786. Der Kampf der Idumæer (Araber) mit
den Persern, wahrscheinlich der Phantasie des frz. Dichters
(du Pont's) entsprungen, ist, wie bereits oben bemerkt, ein
Anachronismus. Die lateinische Vorlage, von der Beschreibung des eigentlichen Kampfes absehend, beschränkt sich
auf allgemeine Redensarten wie:

.... *hostis uterque ruit:*
Pugnant, oppugnant telis, mucronibus, hastis;

(cfr. du Meril a. a. O. V. 12, 13, p. 411). Der Roman de
Mahomet verfügt (V. 1768—1773) über eine grössere Fülle
von Waffen, über Kavallerie, von der im lat. Texte keine
Rede ist.

Die Beschreibung des persischen Banners (V. 1733
bis 1735), obwohl anachronistisch, dürfte, nach einer
Anmerkung Michel's zu V. 1735 nicht rein phantastischen
Ursprungs sein. Nach den Angaben der Bibl. Orientale

de d'Herbelot (Paris 1696, s. *dirfesch* und *feridoun*), welche
Michel a. a. O. reproduziert, diente den Persern als erstes
Feldzeichen ein Schurzfell, wie es Schmiede tragen.
Später traten an seine Stelle andere Feldzeichen mit
Tiergestalten. „*Les chefs portoient pour enseignes des
figures d'animaux, tels que l'éléphant, le dragon, le lion, le
loup et le sanglier.*"
V. 1725 ff. Auch hier gehen drei Verse auf den
gleichen Reim aus; doch liegt nach dem unvermittelten Über-
gang von V. 1727 zum folgenden Verse hier wahrscheinlich
eine Lücke vor. Ko.
Die Verse 1748—9 scheinen mir hinter 1751 zu ge-
hören. Ko — In ihnen ist von Saphir, Chrysolith und
anderen auserwählten Steinen die Rede,

wie V. 1904, 5 *Une maisonnette voltee*
font d'aymant si compassee,
V. 1935 *Une lampe de cristal cler;*
Devant la tombe Mahom pent;
Il n'a riens dedens et si rent
Tel clarte k'il sanle qu'ele art, und
V. 1942 *Pirope u escarboucle fine*
Qui la lampe en enlumine,
Non pas pour chou que dedens soit,
Mais ele est mise en tel endroit
Que la clartes reluist dedens;

entsprechen in nur sehr geringem Teile der lateinischen
Vorlage V. 17, p. 411 *loculos aurumque repones* und
adamas, p. 414, lassen daher vermuten, wie es bereits
Michel in der Anmerkung zu V. 1748 und V. 1942 gethan
hat, dass dem französischen Dichter Steinbücher des
Mittelalters vorgelegen haben. Es kann recht wohl
Marbodi liber lapidum gewesen sein, aus dem du Pont
seine Informationen geschöpft hat. Über den Karfunkel-
stein heisst es in dem zitierten Buche ed. Beckmann,
Göttingen 1799, p. 48, § 23:

Ardentes gemmas superat carbunculus omnes;
Nam velut ignitus radios jacit undique carbo,
Nominis unde sui causam traxisse videtur,
Sed Græca lingua lapis idem dicitur anthrax.
Huius nec tenebræ possunt extinguere lucem;
Quin flammas vibrans, oculis micet aspicientum,
Nascitur in Lybia Troglodytarum regione;
Et species ejus ter ternæ, tresque feruntur.

Die erste afrz. Übersetzung, die unmittelbar dem Original folgte, lautet nach Pannier's *Lapidaires français du moyen âge des XII*, *XIII* et *XIV* *siècles*, Paris 1882, p. 52:

Scherbuncles gette de sei räis.
Plus ardant piere n'i a mais;
De sa clarté la noit resplent,
Mais le jur n'en fera neient.
Naist en la tere as Troglodites;
Duze manieres en sunt dites.

Über den Magneten (derselbe wird im Roman de Mahomet „*l'aymans*" genannt und besitzt die wunderbare Kraft, den eisernen Sarg des Propheten, *linsiel de fer* V. 1902 schwebend in der Luft zu erhalten) sagt Marbod nach der zitierten Ausgabe von Beckmann p. 43:

Hic (sc. magnetes) ferruginei cognoscitur esse coloris;
Cui natura dedit vicinum tollere ferrum.

In der frz. Übersetzung nach Pannier p. 50:

Magnete trovent Troglodite
En Inde, e preciuse est dite.
Fer resemblet et si le trait
Altresi cum l'aimant fait.

In der ersten frz. Übertragung behält der Magnet die lateinische Bezeichnung (Marbod's) bei und wird ausdrücklich vom *l'aimant* (Diamanten) unterschieden. Hiermit wird Diez's Angabe im EWB. (s. I, p. 119 u. *diamant),* dass das afrz. *aimant* (eine zweite Form neben *diamant)* in die Bed. Magnet überging, in welcher sich auch mlat. *adamas* findet, durch die erste frz. Übersetzung des Marbod'schen Steinbuches bestätigt, s. „Liste de Pierres de Marbode" in dem zit. Buche Pannier's p. 303.

Auch die späteren Übertragungen des Marbod'schen Steinbuches: das Lapidaire von Modena, Bern und Cambridge haben die lateinische Bezeichnung *(Magnetes)* beibehalten. Vgl. für das Lapidaire de Modène Pannier's oben zitiertes Buch p. 101, No. XXI La Magnète, für das von Bern p. 130, No. XXI De la Manete, für das von Cambridge p. 160, No. XVIII La Magnète, während der Diamant a. a. O., analog der ersten Übersetzung, *li aimains* (L. de Modène), *li aymant* (L. de Berne) genannt wird.[1]

---

[1] cfr. für das Lapidaire von Cambridge p. 145, wo der Diamant ebenfalls „*l'Aimant*" heisst.

Wenn nun unser Roman, trotz der wahrscheinlichen
Benutzung des Lapidaires von Marbod, sei es im Original
oder in einer Übersetzung, den Magneten V. 1905 „*l'aymant*" neunt, so ist das auf die lateinische Vorlage zurückzuführen, in welcher „*adamas*" die von Diez im EW. I,
p. 119 angeführte Bedeutung „Magnet" hat. Cfr. Du Méril's
Poésies pop. lat. du moyen-âge, p. 414.

Über V. 1748—9

*Saphyrs et crisolistes
Et les autres pierres eslites,*

welche du Pont nur beiläufig nennt, ohne sich mit ihren
Eigenschaften zu beschäftigen, vgl. *Marbodi liber lapidum,*
ed. Beckmann, p. 31, 110 und Pannier's Lapidaire p. 44,
No. XI De Grisolito; p. 61, No. XLI De Cristallo; p. 84,
IV le Saphir (Lap. de Modène); p. 91, X la Chrysolithe
(L. de M.), p. 115, IV Del Saphir (L. de Borne), p. 149,
V le Saphir (L. de Cambridge); p. 176, XL le Cristal u. s. w.
Das Marbod'sche Steinbuch und die französischen
Übersetzungen kennzeichnet Pannier p. 4 und p. 341
(Tables de Matière) als solche „*qui conservent intacte la
tradition païenne*" — als *Lapidaires d'origine orientale* und
an einer anderen Stelle (207) als *L. d'inspiration exclusive-
ment païenne.* Pag. 6 heisst es: „*Marbode semblait n'avoir
eu qu'un seul objet: réunir, sous prétexte d'histoire naturelle,
les fables les plus absurdes sur les propriétés mystérieuses
que l'antiquité classique orientale avait imaginé d'attribuer aux
pierres précieuses.* Sobald die französische Übersetzung
erschienen war, bemächtigten sich derselben Charlatane, wie
betrügerische Juwelenhändler, Goldarbeiter, Apotheker und
Barbiere und priesen ihren Kunden unter Rezitation eines
„*boniment versifié à la mode du jour*" die heilbringenden
Eigenschaften der Edelsteine an, womit sie natürlich gute
Geschäfte machten (p. 7). Später im XIV. und XV. Jahrhundert trieb man mit den Lapidairen Marbod's und
seiner Nachahmer einen noch schlimmeren, ja gemeinen
Unfug (cfr. Pannier, Préface p. 7). Im XIII. Jahrhundert
erschien indes eine neue Serie französischer Steinbücher,
deren Ursprung und Bestimmung ganz andere sind. Die
Anzahl der darin behandelten Steine ist eine beschränktere,
die Bedeutung eine symbolische; man legt ihnen neben
heilbringenden, medizinalen auch moralische und mystische
Eigenschaften bei (p. 209). Pannier zählt p. 211 die
12 Steine des Rationale oder Pectorale aus Moses' Exod.

auf, welche nach Gottes Vorschrift die Brust Aaron's und
seiner Nachfolger, der Hohenpriester schmücken sollten.
Karfunkelstein, Chrysolith und Saphir befinden sich unter
denselben, von denen die beiden letzteren auch in der
Offenbarung des hlg. Johannes, Kap. XXI, v. 19, 20 genannt werden (cfr. Pannier a. a. O., p. 217). Der Verfasser
des Roman de Mahomet legt seinen Steinen keine symbolische, mystische Bedeutung bei; die Eigenschaften seiner
Edelsteine stimmen am meisten mit den von Marbod und
seinen Nachahmern und Übersetzern beschriebenen überein,
daher wohl angenommen werden darf, dass du Pont sich
auf die lateinische Vorlage und Marbod und seine Übersetzer beschränkt haben mag.

V. 1857. Der Reim *saignie* ist ohne Korrespondenz,
und dem V. fehlt eine Verbindung mit dem voraus-
gehenden. Es ist aber nicht notwendig, dass eine Zeile
hier ausgefallen sei. Vgl. die zu V. 1378 erwähnten
Nachlässigkeiten. Ko.

V. 1865. Mich. p. 77 A. 2. *Le récit de cette guerre
de Mahomet contre les Persans est entièrement romanesque.*

V. 1895 hat in der Hs. eine Silbe zu wenig; der
Pl. *grans painnes* bietet sich als einfachste Emendation
dar. Ko.

V. 1899. Et de *tres* chier bausme embasmee. Das
hds. *trenchier* hat Michel in seinen Text aufgenommen,
doch in einer Anmerkung p. 78 bereits als *très* chier ver-
bessert. Vgl. du Méril, a. a. O., p. 414, wo das Ein-
balsamieren der Leiche Mahomet's unterlassen wird.

V. 1902 *liusiel de fer* Ms. Dazu bemerkt Michel
Anm. 2, p. 78 *Petit lieu, boîte. Néanmoins il vaudroit peut-
être mieux lire, linsiel, linceul.* Die lateinische Vorlage hat
nur „*operis mirabilis archam.*" *liusiel = locellus* ist bei
Ducange als Ædicula Deo sacra, belegt in den Statut.
Capituli St.-Martini Turon. aus dem Jahre 966. Das von
uns eingesetzte *linsiel* ist etwas auffällig, aber verständlicher. Eigentlich erwartet man *cercueil.*

V. 1915. Mich. p. 79 A. 1. *Le poète se conforme à
une opinion vulgairement répandue en Europe. Mahomet
fut enterré dans la chambre où il étoit mort, et ce fut plus
tard qu'on eut l'idée d'élever au dessus une mosquée qui
attire encore la vénération des Croyants. L'histoire de la
caisse de fer, soutenue en l'air par une pièce d'aimant, est
donc sans fondement.*

V. 1927 fehlt in der Hs. eine Silbe. Die Emendation durch *est* ergiebt sich ganz von selbst. Ko.

V. 1934 *li Escler.* cfr. Roquefort, Gloss. I, p. 502 *Esclers: Nom de peuple, Esclavons, suivant D. Carpentier.* Folgt ein Zitat aus dem *Fabliau d'une Femme pour cent Hommes*, wo zu den Ungläubigen *(mescreus)* „*Sarrazin, Persans et Esclers*" gezählt werden. Michel legt diesen Namen einem Stamme (Volke) der Muselmänner bei. *Il s'agit* — heisst es in einer Anm. zu V. 1934 — *probablement ici des Turcs qui étoient alors maîtres de l'Egypte et dont le nom d'Eslaves, équivalent du mot arabe Mamelouk, a pu être changé en Escler. ... Les sultans Mamelouks s'étaient arrogé le droit de veiller a l'entretien des mosquées de Mecque et de Médine.* Nach Godefroy bedeutet *Escler* einen Heiden, Ungläubigen — es ist mithin ein Synonym zu *païen, infidèle.*

Die in den Versen 1916—1951 enthaltene Fabel von den drei Kerzen fehlt in der lateinischen Vorlage — entlehnt ist sie wahrscheinlich der im M. A. ungemein verbreiteten Legende „*sur la Vie de Marie et de Jésus.*" Bonnard, *Traductions de la Bible en vers français au moyen-âge*, Paris 1884, p. 229 zitiert aus einem 5000 Verse langen „*Poème sur la vie de Marie et de Jésus*" folgende Stelle:

> *Signor, ce me mescreez mie*
> *Devant l'autel sainte Soufie*[1])
> *En art li uns et nuit et jor*
> *Que ne puet perdre sa luor*
> *Et a Mecques resont li dui*
> *Bien l'avez oi dire autrui.*

Vgl. über diese Stelle meine Besprechung der Peters'-schen sprachlichen Untersuchung p. 7, sowie über die von du Pont seinem Romane eingefügten Bibelstellen: V. 302 bis 328; 680—698; 934—952 ebendaselbst p. 6, 7.

V. 1942. Die Emendation *Pirope* legt die fehlende Silbe des Verses nahe. Doch hat auch der folgende Vers eine Silbe zu wenig und es kann auch Hiat nach *Prope* (und *lampe?*) angenommen werden. Ko.

---

[1]) In betreff der hlg. Sophie sagt Michel in einer Anmerkung zu V. 1929 *La vierge S*[te] *Sophie n'a jamais existé; la principale église S*[te] *Souphie avait été dédiée par Constantin le Grand à la sagesse sacrée (τῇ ἁγία Σοφία).*

V. 1957—1961 sollen ein Wortspiel der lateinischen Vorlage wiedergeben, enthalten aber weiter nichts als eine Anspielung auf das zügellose Leben des arabischen Propheten. Der Spott der französischen Verse wird klarer und verständlicher durch entsprechende des Walter'schen Gedichtes (Du Méril p. 415):

„*Urbs ubi dicuntur Machometis membra sepulta,*
non sine portento Mecha vocata fuit.
Nam Machomes immunditiæ totius amator
mæchiam docuit, mæchus et ipse fuit."

V. 1973. Wie Michel a. a. O. berichtet, soll nach den Werken des *hlg. Hieronymus*, Paris 1699, in-fol., t. II, p. 185, des *hlg. Augustinus*, Antwerpen 1700, t. IV, part. 1, col. 622, und des *Beda Ven.*, Basel 1563, t. III, col. 552, Egypten bevölkert (peuplée) worden sein durch Mesraïm (מצרים), Sohn Cham's, woher in der Bibel Egypten das Land des Cham heisst. Vgl. dazu Gesenius, hebräisches Wörterbuch unter Mesraim, welches keine Person, sondern nur ein Land bezeichnet.

V. 1978. Mich. p. 83 A. 1. *Telle est en effet l'éty-mologie ordinaire du nom de Babylone, à cause de la con-fusion des langues dont il est parlé dans la Genèse, chap. XI, et qui eut lieu auprès de cette ville.*

Eigennamen.

—◊◊◊—

Adan 26, Name eines Kanonikers; 701, 707, 713 der erste
Mensch.

Alixandre dou Pont 22, Verfasser des Roman de Mahomet.

Audimenef 35, irrtümlich a. a. O. Vater des arabischen
Propheten, zu dessen Vorfahren er gehörte.

Bourgoigne 5, Burgund.

Babyloine 1974, 1977, 1978, Babylon.

Bethleem 1924, Bethlehem.

Constantinoble 1927, Constantinopel.

Diudoune 27, Name eines zum Christentum bekehrten
Muhammedaners.

Egypte 1972, Ägypten.

Escler 1934, Völkername, s. Anm. zum Verse 1934.

Ethyopiien 212, Äthiopier.

Ferre 782, vin de F. Weinsorte. S. Anm. zu 782.

Franche 4, Frankreich.

Gabriel 866, 1004, 1126, 1194. Nom. Gabriaus 1009, der Erz-
engel Gabriel.

Gautier 18, Mönch Walter, Verfasser der lateinischen Vorlage des Roman de Mahomet, ein Untergebener des
Abtes.

Gravier 17, (wahrscheinlich) = Garnier, Werner. S. Anm.
V. 17.

Gyu 333, *Giex* 918, Jude.

Indiien 211, Inder.

Jafe 693 Jafet, Sohn des Noe.

Jehan l'Evangeliste 729, St. Johannes.

Jesu 155, 867, 944 Jesus.

Jesucris 949, 996. *Jesucrist* 37, 287, 940, 1075, 1108, 1143,
1996 Jesus Christus.

Idumee 33 Teil Arabiens; *la gens d'Idumee* 1600 Araber.

Jop 301 Hiob, alttestamentlicher Name.

Ladre 309, 314, 350 Lazarus.

Loon 1994 Stadt in Frankreich, Dep. Aisne (Provinz Isle
de France) im ehemaligen pikardischen Sprachgebiete;

Mont de Loon Berg in der Nähe von Laon, Entstehungsort des Roman de Mahomet.
Lucifer 1783 Lucifer der Teufel.
Sainte-Marie 884 hl. Gottesmutter.
Sainte-Marie Magdelainne 1681 die Büsserin.
Mahommet, Mahommes 2, 11, 30, 80, 134, 145, 173, 181,
197, 216, 351, 369, 555, 816, 847, 1110, 1156, 1163,
1216, 1293, 1295, 1307, 1413, 1416, 1427, 1582, 1590,
1639, 1643, 1747, 1787, 1862, 1876, 1892, 1932, 1949.
Mahom, Mahons 9, 151, 301, 354, 360, 394, 403, 407, 435, 493,
497, 583, 608, 614, 748, 753, 758, 789, 799, 805, 825, 836,
837, 843, 851, 1018, 1034, 1054, 1100, 1144, 1147,
1153, 1182, 1242, 1257, 1263, 1273, 1287, 1319, 1360,
1378, 1419, 1439, 1479, 1506, 1510, 1522, 1566, 1595,
1598, 1603, 1607, 1615, 1653, 1720, 1738, 1771, 1774,
1785, 1839, 1903, 1914, 1936, 1947, 1952, 1961, 1993.
Meke 1956, 1958 Mekka, Vaterstadt und Grabstätte des
arabischen Propheten, in der Provinz Hedschaz, die
an Idumäa stösst.
Mont-Agut 45 Berg in der Nähe von Laon.
Moyses 874, *Moisy* 1385, 1402, *Moysi* 1493 Moses.
Ninivee 1693 ehemalige Hauptstadt Assyriens.
Noe 686, 688, 695 Noah, alttestamentlicher Name.
Noiron 300 Nero, römischer Kaiser.
Perse 210, *Persie* 1726 Persien.
Persant 1591, 1730, 1755, 1771, 1778, 1831, 1864, Perser.
Piere 299, 1679 St. Petrus.
Phariseus 919 Pharisäer.
Romme 299, 1552 Rom.
Sarrasin 7 Sarrazene.
Salemon 474 König Salomo.
Saveoir (für *Sauvoire* s. Salvatorium) 45 Abtei in der Nähe
von Laon. S. Anm. zu V. 45.
Sens 5 Stadt in Burgund.
Sen 692 Sem, Sohn Noe's. S. Anm. zu V. 692.
Synai 1494 Berg der Gesetzgebung.
Ste Souphye 1928 Sta Sophia, irrtümlich für die Kirche
der „ἁγία Σοφία" in Konstantinopel.
Theophylus 1684 Theophilus. S. Anm.
Toivre 782 vin de Toivre, Weinsorte, s. Anm. zu 782.
St Thumas 937, 947, 950 S^tus Thomas Apostolus.

Druck von Erdmann Raabe in Oppeln.